LA PROTESTANTE,

ou

LES CÉVENNES

AU COMMENCEMENT DU 18e SIÈCLE;

PRÉCÉDÉE

D'UNE INTRODUCTION HISTORIQUE

SUR LA GUERRE DES CAMISARDS.

❀

TOME PREMIER.

❀

PARIS,

PONTHIEU ET Cie., LIBRAIRES,

QUAI MALAQUAIS, N° 1, ET AU PALAIS-ROYAL.

LEIPZIG,

MÊME MAISON DE COMMERCE.

1828.

LA

PROTESTANTE.

LA PROTESTANTE,

OU

LES CÉVENNES

AU COMMENCEMENT DU 18ᵉ SIÈCLE.

Précédée d'une Introduction historique sur la guerre des
Camisards.

*

TOME I.

*

PARIS,

THIEU ET Cⁱᵉ., LIBRAIRES,

PALAIS-ROYAL ET QUAI MALAQUAIS, Nº 1.

LEIPZICG,

MÊME MAISON DE COMMERCE.

1828.

INTRODUCTION.

HISTOIRE ABRÉGÉE DE LA GUERRE DES CAMISARDS.

(1702 — 1710.)

L'édit de Nantes avait été révoqué en 1685. Malgré les déclarations du roi qui interdisaient à tous les réformés, autres que les ministres, la faculté de sortir du royaume, plus de cinquante mille familles s'étaient expatriées, emportant dans les pays étrangers, leurs talens, leur industrie, les débris de leur fortune et leur haine contre Louis XIV.

Cependant la persécution continuait à désoler les provinces : des missionnaires et des dragons, qu'on nommait à la cour, par dérision , des *missionnaires bottés* parcouraient la France en tous sens, et partout le sabre et l'insolence du soldat achevaient de soumettre les consciences que les prédications avaient trouvées rebelles. Les malheureux protestans envers qui toutes les loix étaient violées respirèrent un moment au milieu des embarras suscités à la cour par la guerre contre la grande alliance. Mais après la paix de Ryswick la persécution se ralluma avec plus de fureur, dans le Languedoc surtout où les convertisseurs trouvaient dans la campagne les protestans en grand nombre, avec des caractères ardens et un zèle religieux portés jusqu'au fanatisme.

Immédiatement après la signature de la paix, le roi, par une déclaration du 23 novembre 1697, défendait aux réformés de s'établir à Orange et d'y faire aucun exercice de leur religion, sous peine de la vie. Une autre déclaration du 18 décembre de la même année rappelait l'exécution de l'édit de 1685 révocatoire de l'édit de Nantes, et renouvelait toutes les peines décernées contre les protestans. L'année

1699 vit éclore quatre déclarations nouvelles. La première, du 11 février, ordonnait que l'édit de S. M. du mois d'août 1669, et ses déclarations des années 1682 et 1686, qui défendaient de sortir du royaume s'exécutassent selon leurs forme et teneur, et que les contrevenans qui seraient arrêtés fussent condamnés, les hommes aux galères perpétuelles et les femmes à être renfermées avec confiscation de leurs biens. La seconde, du 5 mai, défendait aux protestans de vendre durant trois années leurs biens immeubles ou la totalité de leurs meubles, et d'en disposer d'une autre manière à peine de nullité et même de confiscation.

La troisième, du 13 septembre, ordonnait que le procès fût fait tant à ceux qui auraient été arrêtés sortant du royaume qu'à ceux qui auraient essayé de le faire sans avoir réussi, quoiqu'ils n'eussent pas été arrêtés.

La quatrième, du 5 décembre, défendait à tous capitaines, maîtres ou commandans de navires français ou étrangers de recevoir sur leurs bords aucun nouveau converti pour le transporter dans les pays étrangers, à peine de confiscation des bâtimens.

Enfin une déclaration du 30

janvier 1700 rappelait cette autre
déclaration fameuse du 29 avril
1686 par laquelle on ordonnait
que les malades qui recouvre-
raient la santé après avoir refusé
les sacremens de l'église seraient
condamnés, les hommes aux galères et les femmes à la perte
de leurs biens, à faire amende
honorable, et à une prison per-
pétuelle; et que ceux qui mour-
raient dans cette disposition, seraient traînés sur la claie et je-
tés à la voirie, en observant que
partout où la confiscation n'aurait pas lieu, les coupables seraient condamnés à une amende
envers le roi qui ne pourrait être

au-dessous de la moitié de la valeur de leurs biens.

Tels étaient les instrumens que la Cour mettait aux mains des intendans de province, presque tous hommes fanatiques ou complaisans du pouvoir, pour ramener les dissidens à l'unité de l'Eglise catholique. Aussi les prisons et les galères se remplissaient tous les jours de protestans. Des lettres de cachet faisaient disparaître ceux dont le rang était plus distingué, d'autres périssaient par la main des bourreaux. Depuis qu'on avait démoli leurs temples, les réformés du Languedoc n'avaient pas cessé de faire des assemblées reli-

gieuses; ils se réunissaient pour
chanter des psaumes et entendre
les discours de leurs prédicans.
Presque toujours ces assemblées
surprises par quelque détachement des troupes royales étaient
massacrées. Mais il s'en formait
de nouvelles, et tous les réformés des campagnes voisines y
couraient en foule, hommes et
femmes, enfans et vieillards, au
mépris des périls qui les environ-
naient. Baville, intendant du
Languedoc, homme dur par caractère, et qui montra souvent
de la cruauté dans l'exercice de
sa charge, avait fait exécuter plusieurs ministres saisis au milieu
de ces assemblées. L'affluence

des peuples pour entendre leurs prédicans en était devenue plus grande, le zèle religieux s'était accru de toute la violence de la persécution, et les esprits agités par le fanatisme et les mauvais traitemens étaient au comble de l'irritation. Le clergé catholique en voyant ses églises désertes et ses prédications dédaignées, ne cessait de demander à l'autorité des mesures de rigueur contre les assemblées des protestans. Les prédicans, de leur côté, tonnaient contre ce qu'ils appelaient l'idolâtrie romaine, et entraînaient après eux leurs frères dans les champs pour les nourrir de la parole de Dieu.

Alors on vit s'élever parmi les protestans une multitude de fanatiques presque tous en bas âge ou de basse condition, car c'étaient des enfans et des laboureurs, qui se crurent inspirés par l'esprit de Dieu et se mirent à prophétiser. Toutes leurs déclamations étaient tournées contre la làcheté de ceux de leurs frères qui, pour se mettre à l'abri de la rigueur des édits, adhéraient au service de l'Eglise romaine. Les prisons se remplirent bientôt de cette foule de prophètes; dans celles d'Uzès il y en avait plus de trois cents, et presque tous étaient des enfans. La Faculté de Montpellier eut ordre de se transporter dans cette ville pour examiner leur état. Après un mûr examen, la Faculté les déclara atteints de fanatisme.

Alors les pères eurent ordre d'empêcher leurs enfans de se faire prophètes, et Baville rendit une ordonnance qui condamna à des amendes et aux frais de la procédure les pères et mères des enfans qui fanatiseraient. En vertu de cette ordonnance, on accabla les malheureux protestans de peines arbitraires, et la violence fut portée si loin qu'on vit des parens livrer eux-mêmes leurs enfans aux magistrats en leur disant : *Les voilà; nous nous en déchargeons; faites leur pas-*

ser vous-mêmes, s'il est possible,
l'envie de prophétiser. Mais plus
on multipliait les rigueurs, plus
se multipliaient les prophètes.

Aux mesures iniques et souvent sanguinaires de l'autorité civile se joignirent en même temps
les rigueurs des ecclésiastiques
chargés de convertir les réformés,
et c'est ce qui acheva de pousser
ces malheureux à la révolte. Baville avait fait établir l'abbé Duchaila inspecteur des missions
des Cevennes. Cet abbé ne se faisait aucun scrupule de se mettre
à la tête des troupes qui allaient
surprendre les assemblées; et
quand des prisonniers tombaient
dans ses mains, il leur faisait su-

bir des traitemens qu'on a peine à rapporter tant ils paraissent incroyables. Tantôt il leur arrachait avec des pincettes le poil de la barbe ou des sourcils; tantôt il leur mettait des charbons ardens dans les mains, les leur refermant avec violence jusqu'à ce que les charbons fussent éteints; souvent il leur revêtait les doigts avec du coton trempé dans l'huile ou la graisse auquel ensuite il mettait le feu, et le laissait brûler jusqu'à ce que la flamme eut rongé les doigts jusqu'aux os.

Quand tous ces différens supplices n'opéraient pas sur l'esprit des réformés, il les renfermait dans des prisons et les tenait dans les ceps. Ces malheureux pris par les jambes et les pieds, et ne pouvant ni s'asseoir, ni rester debout, souffraient des tourmens inexprimables.

Tant de cruautés lassèrent enfin la patience des victimes, et attirèrent sur la tête de l'abbé une vengeance terrible. Voici à quelle occasion elle éclata. Un nommé *Massip* qui avait fait divers voyages à Genève en servant de guide aux protestans qui émigraient, venait de partir des Cévennes avec une nouvelle troupe composée de plusieurs familles, entr'autres des demoiselles Sexti du lieu de Moissac, qui s'étaient déguisées en hommes pour courir moins de dangers. L'abbé Duchayla informé de leur marche, les fit tous arrêter et ordonna qu'on instruisît leur procès sur-le-champ. En vain les parens des détenus sollicitèrent la clémence de l'abbé et lui offrirent même des sommes considérables. Il voulait que Massip fût exécuté et que les autres subissent les peines portées par les ordonnances. Leurs parens au désespoir se rendirent à une assemblée qui devait avoir lieu le dimanche 23 juillet sur la montagne du Bougès, et y réclamèrent l'assistance de leurs frères pour délivrer leurs parens. Trois prophètes, Pierre Esprit dit Seguier, Salomon Couderc et Abraham Mazel se joignirent à eux et entraînèrent l'assemblée en affirmant qu'ils avaient reçu ordre par inspiration d'aller délivrer les prisonniers. Un rendez-vous fut donné pour le lendemain vers le soir à l'entrée d'un bois situé au sommet de la montagne du Bougès, appelé dans la langue du pays Alte-Fage. Il s'y rendit de quarante à cinquante hommes armés les uns d'épées, les autres de faux, quelques-uns de vieilles hallebardes et d'autres, mais en petit nombre, de fusils et de pistolets. Avant de partir, ils s'en-

couragent, font la prière tous ensemble et se mettent en marche
vers le pont de Montvert, bourg
des hautes Cevennes, et résidence
de l'abbé. En y entrant, ils en-
tonnent un psaume, et l'abbé qui
croit qu'une assemblée religieuse
s'est formée dans le bourg, donne
ordre à ses soldats d'aller la dis-
siper. Mais bientôt sa maison est
investie, et les mêmes voix qui
chantaient des psaumes deman-
dent à grands cris la liberté des prisonniers. L'abbé et ses gens bar-
ricadés dans sa maison firent une
assez longue résistance ; mais les
assaillans enfoncent les portes,
mettent le feu à une salle basse,
et l'abbé s'étant brisé une cuisse

en voulant se glisser en bas d'une fenêtre au moyen des draps de son lit, tombe dans leurs mains. *Point de grâce au persécuteur des enfans de Dieu*, tel est le cri des assaillans, et ils le massacrent en lui reprochant tous ses crimes.

C'est à cette époque (juillet 1702) qu'il faut rapporter le commencement des troubles des Cévennes. Les auteurs de ce meurtre sachant bien qu'ils n'avaient point de grâce à espérer s'ils étaient pris, sortirent de grand matin du pont de Montvert, et se retirèrent dans les bois des montagnes voisines, où ils continuèrent à vivre errans et les armes à la main. A la nouvelle de cet événement, le comte de Broglie accourut de Montpellier avec toutes les milices du canton et une partie de la noblesse du Bas-Languedoc et des Cévennes ; mais, n'ayant pu rencontrer la troupe des mécontens , il congédia son armée , après avoir établi au pont de Montvert et dans quelques villages voisins , des garnisons commandées par le capitaine Poul.

Poul, homme de tête et de main, choisit son séjour à Florac, centre du pays confié à son commandement; et, à peine y fut-il arrivé, qu'il surprit les mécontens dans la petite plaine de Font-morte ; il les mit en fuite, et fit sur eux quelques prisonniers , parmi lesquels se trouva *Esprit Séguier, leur chef.* Chemin faisant, Poul dit à son prisonnier : « Eh bien ! malheureux, comment espères-tu être traité ? — Comme je t'aurais traité moi-même si je t'avais pris, » lui répondit froidement le prophète.

Aussitôt, Baville ordonna que les prisonniers seraient jugés par une chambre de justice établie depuis quelque temps en Gévaudan : Esprit Séguier eut le poing coupé, et fut brûlé vif au pont de Montvert. Il mourut en se faisant gloire d'avoir porté lui-même le premier coup à l'abbé Duchaila.

La chambre de justice établie

à Florac continuait ses exécutions, et les mécontens, exposés à des périls de tous les jours, songeaient à quitter le pays, quand il vint se joindre à eux un homme qui changea leur résolution : c'était un habitant du pays, nommé Laporte, qui avait servi dans les troupes du roi. Il leur fit comprendre, d'abord, « que la fuite était impossible ; » et, qu'après tout, il était plus » glorieux de mourir les armes à » la main, que de vivre plus » long-temps sans temples, sans » ministres, et sans exercices de » leur religion; qu'il fallait s'ar- » mer, et demander le rétablisse- » ment de leurs priviléges, et la

» liberté de conscience qu'on leur
» avait ôtée, en violant toutes les
» lois, et au mépris des sermens
» les plus solennels. »

Il ajouta : « que leur petit nom-
» bre ne devait pas être un obs-
» tacle à leur entreprise, non plus
» que l'embarras d'avoir des ar-
» mes; que leur troupe ne man-
» querait pas de grossir dès que
» leur résolution serait connue
» des protestans, partout persé-
» cutés ; et qu'ils auraient des
» armes en les enlevant aux ca-
» tholiques, ou en gagnant des
» batailles. »

Les prophètes Salomon Couderc et Abraham Mazel applau-
dirent à ce discours, et ce der-

nier l'appuya du récit d'un songe, dont il prétendit avoir reçu l'explication du ciel.

Il lui semblait avoir vu des bœufs noirs, gros et gras, qui broutaient les plantes d'un jardin, et un homme qui lui disait de chasser les bœufs; et, peu de temps après, il avait reçu une inspiration, dans laquelle il lui fut dit : que le jardin était l'église, et les gros bœufs noirs les prêtres qui la dévoraient; et que lui, Abraham, serait appelé à les mettre en fuite.

Le songe du prophète décida les insurgés à suivre les conseils de Laporte; leur petite troupe, composée alors de trente hommes au plus, reconnut ce dernier pour chef, et promit de le suivre partout où il voudrait les conduire. Alors parut, dans la Vaunage, Roland, neveu de Laporte, et qui fut dans la suite un des principaux chefs camisards. Son but était de faire des recrues pour son oncle; et, s'adressant aux fugitifs qui erraient dans la campagne, il leur parlait à la fois en homme de guerre et en prophète inspiré. En même temps, les prédicans et les prophètes ne cessaient d'exhorter les réformés, dans les assemblées, à tirer vengeance de la persécution que les prêtres catholiques avaient suscitée contre eux.

D'un autre côté, Baville, confondant dans des exécutions en masse les innocens et les coupables, faisait raser des maisons, élevait à chaque pas des gibets sur les grandes routes, et entassait dans les prisons des malheureux de tout sexe et de tout âge. Tel était l'état intérieur du Languedoc, en septembre 1702.

La troupe de Laporte se grossit bientôt jusqu'au nombre de soixante hommes, et commença à devenir redoutable. Ce chef prenait le titre de *colonel des enfans de Dieu* qui cherchent la liberté de conscience, et datait ses lettres *du camp de l'Éternel.* Ayant fait tenir une assemblée

b

dans le temple du *Collet-de-
Dèze*, le seul du pays qui n'eût
point été abattu, Poul s'avança
contre lui, et l'atteignit dans une
petite plaine dite du *Champ-Do-
mergues*. Un engagement eut lieu :
les révoltés coururent à la troupe
de Poul, en chantant un psaume; et, après un combat assez
vif, les deux partis se retirèrent
avec une perte à peu près égale.
Cependant, de nouvelles troupes
de mécontens se formaient sur
divers points : André Castanet,
qui, de garde de bois de la montagne de Lagoal, s'était fait prédicant, en commandait une dans
les Cévennes, et Roland en avait

rallié une autre aux environs de Nîmes.

Bientôt parut, à la tête de la sienne, Jean Cavalier, natif de Ribaute, âgé tout au plus de vingt-un ans. Ce chef, qui a joué le principal rôle dans l'insurrection, avait été mis, dès son enfance, chez un nommé Lacombe de Venesobre, pour y remplir les fonctions de *pitot* : ce qui veut dire, dans la langue du pays, *valet de berger*. Dans la suite, il apprit le métier de boulanger, à Anduze, et l'exerça quelque temps à Genève, où il s'était retiré, pour éviter la persécution. Revenu dans son pays, et assistant, un jour, à une assemblée tenue près du lieu de sa naissance , il proposa à plusieurs jeunes gens de prendre les armes , comme leurs frères des Cévennes. Un rendez - vous fut donné pour le lendemain , dans une grange , entre Anduze et Alais. Il y vint dix-huit jeunes hommes qui, tous ensemble , n'avaient pour armes qu'un fusil et deux vieilles épées. Cavalier, qui se donnait à eux comme un nouveau Moïse venu de Dieu pour délivrer son peuple de la nouvelle Egypte , ranima leur ardeur déjà prête à s'éteindre , et leur promit qu'ils seraient tous armés sous peu de jours.

C'est vers ce temps que périt Laporte. Surpris par le capitaine Poul dans le voisinage de Monlézon, entre le château du Mazel et le chemin de Temelac, il eut à peine le temps de mettre sa troupe en état de défense; il fut atteint d'un coup de feu, et expira sur le champ de bataille. Sa troupe privée de son chef, se retira en bon ordre. Elle avait perdu neuf hommes y compris Laporte. Poul leur fit couper la tête à tous; et ces têtes promenées dans les principales villes des Cévennes, furent portées à Montpellier et exposées à l'esplanade par ordre de l'intendant.

Deux nouveaux chefs, Nicolas

Joany, ancien maréchal de logis, et Couder (surnommé Lafleur), parurent en même temps à la tête de nouvelles troupes de mécontens dans les hautes Cévennes. Ces troupes réunies à celles de Laporte brûlèrent plusieurs églises, et pillèrent les maisons presbytérales.

Cependant Cavalier qui n'était pas sorti du bas Languedoc tint une assemblée à Aiguevives, où il remplit pour la première fois les fonctions de prédicant. C'est de cette assemblée que date sa réputation. Les plus zélés d'entre le bas peuple le regardaient comme un autre Gédéon ; d'autres le comparaient aux Macha-

bées. Il est certain que cet homme
né dans les dernières classes de la
société et chef à vingt-un ans de
quelques paysans révoltés, montra dans tout le cours de la guerre
un caractère et **un** esprit au-dessus de son éducation et de son âge.
Après avoir combattu pendant
deux années, et le plus souvent
avec succès contre les troupes
de Louis XIV, il ne désespéra
de l'insurrection que lorsqu'il vit
le pays entièrement ruiné, et ne
posa les armes qu'après avoir fait
les conditions du traité à un maréchal de France. Voici ce qu'un
historien dit de sa personne : « Il
était petit, avait la tête grosse et
enfoncée dans les épaules, les

yeux grands et vifs, les cheveux longs, blonds et abattus, le visage large et rougeâtre, l'air plat et de petite mine. »

A la nouvelle de l'assemblée tenue à Aiguevives, par Cavalier, le comte de Broglie se porta sur les lieux, et de nouvelles exécutions signalèrent sa présence. Baville avait obtenu un arrêt du conseil qui lui attribuait *la connaissance de tous les crimes relatifs au soulèvement, avec le pouvoir de mettre tels juges qu'il trouverait à propos pour faire le procès aux prévenus et les juger en dernier ressort.* En vertu de cet arrêt, seize personnes furent condamnées à la mort et aux galères, d'autres au fouet, des maisons à être rasées, et le pays à l'amende.

Ces condamnations poussèrent plusieurs protestans à prendre le parti des révoltés. La troupe de Cavalier jusque-là très - faible, s'accrut considérablement. Ce chef retourna alors du côté d'Anduze et s'étant joint à Roland, ils allèrent ensemble tambour battant désarmer en divers lieux les catholiques. Déjà ils ne gardaient plus de ménagemens et marchaient en plein jour, établissant l'exercice de leur religion partout où ils passaient; leurs assemblées devinrent fréquentes et publiques; on y prêchait, on y

chantait des psaumes; on y bap-
tisait, on y bénissait les ma-
riages.

Ils osèrent même adresser aux
communautés des ordres mena-
çans pour leur défendre de mon-
ter la garde contre eux et de payer
la dîme; dans quelques endroits
ils obligèrent les fermiers des bé-
néfices de venir leur apporter ce
qu'ils devaient payer aux ecclésiastiques.

Jusque-là Cavalier avait fait
dans cette troupe les fonctions de
chef, sans en avoir le titre. Le
nommé Espérandieu qui avait du
service, et qui s'était joint aux
mécontens depuis peu, représenta
que pour éviter toute contesta-

tion, il fallait absolument avoir un chef reconnu pour tel. Les voix furent partagées entre le nommé Rastalet et Cavalier. Le premier avait déjà fait la guerre, mais Cavalier avait pour lui sa qualité de prédicant et de prophète; aussi l'emporta-t-il sur son concurrent. Il sembla n'accepter cette charge que pour se rendre aux sollicitations de ses amis. Cependant on peut douter de la sincérité de sa modestie, quand on le voit imposer pour condition, qu'il aura droit de vie et de mort sur sa troupe, sans même assembler un conseil de guerre.

Sa troupe ainsi organisée, Cavalier mit en fuite à Vaquières trois compagnies d'infanterie qui étaient venues l'attaquer, et entra par stratagème dans le château de Servas dont il passa la garnison au fil de l'épée. Après une victoire signalée qu'il remporta dans les prairies d'Alais, il forma le dessein d'aller désarmer la garnison et les habitans de Sauve, ville fermée, et située sur le Vidourle dans les basses Cévennes. Pour exécuter ce dessein, il réunit sa troupe à celle de Roland; ces deux chefs envoyèrent d'abord un détachement à Manoblet pour y brûler l'église et attirer les troupes de ce côté; ensuite ils firent marcher devant eux cinquante hommes des leurs, revêtus d'ha-

bits d'ordonnance, qui se présen-
tèrent aux portes de la ville
comme troupes du roi; on les reçut sans méfiance, le chef de
cette compagnie fut même invité
à dîner chez le sieur de Vibrac un
des seigneurs de Sauve. Au moment de se mettre à table, on
annonce tout à coup l'approche
des mécontens. La garnison et
les habitans courent aux armes.
Mais le chef des fausses troupes
royales qui avait tout son monde
rangé en bataille sur la place or-
donne d'ouvrir les portes. Les mécontens entrent en foule, brûlent
quelques églises et se répandent
dans les maisons des catholiques
pour enlever leurs armes. Après

s'être munis de quelques provisions de bouche et avoir désarmé la garnison, ils sortirent de la ville emmenant avec eux quelques prisonniers parmi lesquels, il se trouvait trois ecclésiastiques qu'ils fusillèrent hors des murailles. Le bruit de cette expédition s'étant répandu aux environs, le gouverneur de Saint-Hypolyte marcha à la poursuite des mécontens avec des forces supérieures ; mais ils eurent le temps de se retirer dans le bois de Canne avec la plus grande partie du butin qu'ils avaient fait à Sauve.

Avant de continuer le récit des événemens de la guerre, je vais essayer de faire connaître les

hommes qui la soutenaient et le
pays qui en fut le théâtre. Dans
l'ancienne division de la France,
ce pays comprenait les six diocèses de Mende, d'Alais, de Viviers, d'Uzès, de Nîmes et de
Montpellier, dans une étendue
de quarante lieues de longueur
environ, depuis Cette à Anno-
nai, sur environ vingt de largeur.

Le diocèse de Nîmes, planté
de vignes et d'oliviers, et riche de
ses manufactures de soie, est tout
entier dans la plaine. On trouve
dans le voisinage de cette ville
une vallée dont les villages semblaient alors ne former qu'une
immense   bourgade, tant ils
étaient rapprochés. Cette vallée,

dite *la Vaunage*, était toute peuplée de protestans. Ils y comptaient, avant la révocation de l'édit de Nantes, une trentaine d'églises et autant de leurs temples, et l'avaient surnommée la petite Canaan. Elle aboutit à une grande plaine qui a la ville de Nîmes au levant, la mer au midi, et la rivière du Vidourle au couchant.

Le reste du pays couvert de grands bois, hérissé de montagnes, et traversé en tous sens par les rivières qui en découlent, fournissait par ses difficultés mêmes un terrain propice à une guerre de partisans. Profitant des avantages des lieux avec une industrie admirable, les mécontens

étaient parvenus à se pourvoir
d'armes, de vêtemens, de munitions de guerre et de bouche, et de
toutes les choses nécessaires pour
continuer la guerre. Des officiers
préposés à cela faisaient un par-
tage égal des vivres qu'on enlevait
dans les campagnes, ou de ceux
que les protestans des villages
voisins apportaient sur leur ré-
quisition au camp des révoltés.
Des contrebandiers leur ven-
daient de la poudre, et quelquefois ils en fabriquaient eux-mêmes, ou se déguisaient pour aller
en acheter. Ils faisaient des balles
avec les plombs enlevés aux maisons des catholiques et à leurs
églises. Des cavernes cachées dans

b.

les bois leur servaient selon le besoin de magasins, d'arsenal ou d'hopitaux.

Mais ce qui caractérise surtout cette petite armée, ce sont ses assemblées religieuses, les prédications de ses ministres, ses prophètes et leurs inspirations. « Tout » ce que nous faisions, a dit un » des révoltés dont je copie ici les » paroles, soit pour l'intérêt géné-» ral, soit pour notre conduite par-» ticulière, c'était toujours par or-» dre de l'esprit. Les plus sim-» ples, les enfans mêmes étaient » nos oracles, surtout quand ils » insistaient dans l'extase avec » redoublement de paroles et d'a-» gitations, et que plusieurs di-

» saient une même chose. Était-il
» des occasions d'une grande im-
» portance, nous nous jetions tous
» à genoux : on faisait une prière
» générale, et chacun demandait
» à Dieu qu'il lui plût de nous
» diriger dans l'affaire dont il
» s'agissait; et voilà incontinent
» qu'en divers endroits, on aper-
» cevait quelqu'un saisi de l'es-
» prit, et que tous les autres cou-
» raient pour entendre ce qui se-
» rait prononcé. Dès que tous les
» inspirés avaient dit la même
» chose par rapport à ce qui était
» en question, nous nous met-
» tions aussitôt en devoir d'obéir.
» Ainsi devions - nous attaquer
» l'ennemi; étions-nous poursui-

» vis; la nuit nous surprenait-
» elle; craignions-nous les em-
» buscades; arrivait-il quelque
» accident; fallait-il marquer le
» lieu de l'assemblée; aussitôt la
» prière était ordonnée. *Seigneur,*
» disions-nous, *fais-nous connaî-*
» *tre ce qu'il te plaît, que nous*
» *fassions pour ta gloire et pour*
» *notre bien;* et l'esprit nous ré-
» pondait et nous guidait en ce
» que nous devions faire.... Lors-
» qu'il s'agissait d'aller au com-
» bat, et que l'esprit nous avait
» fortifiés par ces bonnes paroles,
» *n'appréhendez rien mes enfans,*
» *je vous conduirai, je vous assis-*
» *terai,* nous entrions dans la mê-
» lée, comme si nous avions été

» vêtus de fer ou comme si les
» ennemis n'eussent eu que des
» bras de laine. Avec l'assistance
» de ces heureuses paroles de l'es-
» prit de Dieu, nos petits garçons
» de douze ans frappaient à droite
» et à gauche comme de vaillans
» hommes. Ceux qui n'avaient ni
» sabre, ni fusil, faisaient des
» merveilles à coups de perches
» et à coups de frondes; et la
» grêle des mousquetades avait
» beau siffler à nos oreilles et per-
» cer nos chapeaux et nos man-
» ches, quand l'esprit nous avait
» dit *ne craignez rien*, cette grêle
» ne nous inquiétait pas plus
» qu'aurait fait une grêle ordi-
» naire. »

Il y a dans ce récit naïf de l'historien Camisard le secret du succès des armes de ses frères. Des hommes ainsi persuadés doivent marcher au combat avec le courage qui donne la victoire.

Les assemblées religieuses étaient trés - fréquentes dans l'armée des Camisards; ils les tenaient habituellement le dimanche, et les paysans des campagnes voisines y accouraient en foule lorsqu'ils étaient prévenus à temps.

Les jours de fêtes solennelles, le chef de la troupe ajoutait au service divin l'administration de l'eucharistie ; l'esprit lui désignait ceux qui étaient dignes d'approcher de la table sacrée ; et, après les avoir fait sortir des rangs, il les admettait à la communion, au milieu de toute la troupe à genoux et en prières.

Outre ces actes religieux, les Camisards faisaient entre eux, trois fois par jour, la prière publique; ils observaient fréquemment des jeûnes, et ne quittaient jamais un lieu pour un autre sans rendre à Dieu des actions de grâces, en lui demandant de les conduire où ils allaient.

La plupart de leurs chefs s'étaient érigés en prédicateurs et en ministres. Cavalier s'était acquis une grande réputation dans sa troupe, par ses sermons. Salomon Couderc, Roland et Castanet s'étaient faits aussi prédicateurs et prophètes, dans les troupes qu'ils commandaient. C'est cette armée de paysans, tous gens simples et grossiers, mais animés par la vengeance et le fanatisme, qui occupa plusieurs années une partie des troupes de Louis XIV, et troubla d'inquiétudes sérieuses les prospérités du grand roi.

La cour, alarmée des progrès de l'insurrection, envoya dans les Cévennes les brigadiers de Parate et de Julien avec de nouvelles troupes.

Ce dernier, récemment promu

au grade de maréchal-de-camp, était né à Orange, d'une famille protestante. A la révocation de l'édit de Nantes, il passa dans les pays étrangers et servit quelque temps dans les armées du prince d'Orange, devenu roi d'Angleterre ; mais, étant retourné en France par suite de quelque mécontentement, il embrassa la religion catholique, et chercha à prouver la sincérité de sa conversion par le zèle qu'il déploya contre ses anciens co-réligionnaires.

Les Camisards avaient reparu dans la Vaunage. Le capitaine Poul, dont la compagnie avait été mise à cheval depuis la mort du fameux Laporte, était venu joindre

c

le comte de Broglie à Saint-Hy-
polite. On apprit que les Camisards étaient dans un quartier
du territoire de Nîmes, appelé
Val-de-Bane. Le comte de Broglie, qui se trouvait alors à Aubord
avec deux compagnies de dragons,
envoya de Gibertin, lieutenant de
Poul, reconnaître l'ennemi. Un
moment après cet officier revint à
toute bride annoncer que les Camisards sortaient *du mas de Gaf-
farel* tambour battant et chantant
des psaumes. Aussitôt on tint un
conseil de guerre. Poul était d'avis
d'envoyer chercher des renforts à
Nîmes; mais le comte de Broglie
voulut attaquer sur-le-champ.

A l'approche de l'ennemi, les

Camisards congédient une troupe de gens qui étaient venus assister à leurs exercices de piété. Ils se rangent en bataille sur une hauteur dont le sommet forme une espèce de creux, appelé en languedocien *Lou Cros de Val de Bane*, et attendent les dragons de pied ferme, genoux en terre, et chantant des psaumes. Ils n'étaient que deux cents hommes, commandés par Ravanel. Ils essuyèrent le premier feu des dragons sans s'ébranler, et, fondant sur eux, les mirent en fuite. Poul fut tué dans le combat par un jeune garçon du lieu de Vauvert, nommé Samuelet, qui le renversa de son cheval d'un coup de pierre à la tête. Le comte de Broglie, entraîné par ses dragons, ne parvint à rallier les fuyards qu'à une lieue du champ de bataille, dans un endroit appelé les *Dévois des Consuls.*

La nouvelle de la victoire des Camisards répandit l'alarme dans Nîmes, et Cavalier, qui par hasard s'y trouvait ce jour-là, pour acheter de la poudre, profita de la confusion générale pour faire une plus grande provision. Les Camisards, encouragés par leurs succès, brûlèrent le village de Pouls, à cinq petits quarts de lieues de Nîmes, et passèrent le

Gardon, se dirigeant du côté d'Uzès.

Cependant, le brigadier de Julien arriva dans la province avec les nouvelles troupes qu'on attendait. Les chefs de l'armée royale tinrent une assemblée, à laquelle assista Baville, pour aviser au moyen de délivrer promptement le pays des courses des révoltés. On proposa de passer au fil de l'épée tous les protestans de la province, et de brûler tous les lieux soupçonnés de favoriser la révolte. Il est juste de dire que l'intendant Baville fit rejeter cette horrible proposition. Il fut résolu qu'on poursuivrait les Camisards sans relâche, et qu'on

les ferait tous périr en les enve-
loppant. Ceux - ci étaient alors
vers Saint-Jean de Ceyrargues.
Aussitôt, Julien marche d'un
côté, avec deux bataillons de
Hainaut; le comte de Broglie
s'avance, d'un autre, avec deux
compagnies de dragons et un
corps considérable de fusiliers;
le comte de Tournon, à la tête
d'un corps de huit cents hommes,
marche droit, avec l'intendant
Baville, au lieu où devaient être
les révoltés.

Mais quand les troupes royales
arrivèrent à Saint-Jean de Ceyrargues, les Camisards étaient
déjà du côté de Rivière où ils
avaient brûlé les villages de Sa-

lendres et de Ceyras. Les officiers du roi se mirent de nouveau à leur poursuite; et, au moment où on croyait les tenir enveloppés, ils disparurent tout-à-coup, sans qu'on pût savoir comment ils s'étaient échappés, ni quelle route ils avaient prise; mais, quelques jours après, ils reparurent aux environs du château de Mandajors, et vinrent insulter le comte de Broglie jusqu'aux portes de la ville d'Anduze. D'un autre côté, Roland, à la tête de sa troupe, brûlait le château de Saint-Félix, tandis que Castanet et Joany mettaient à contribution les habitans de Saint-André de Valborgne. En même temps, Roland écrivit aux habitans de cette ville une lettre qui peut donner une idée de l'audace toujours croissante des révoltés. La voici, recueillie par un historien : « Nous, comte et » seigneur Roland, généralissime » des protestans de France, nous » ordonnons que vous ayez à con- » gédier, dans trois jours, tous » les prêtres et les missionnaires » qui sont chez vous, sous peine » d'être brûlés vifs, vous et » eux. »

En effet, dans les mois de décembre 1702 et janvier 1703, les Camisards, outre le château de Saint-Félix, avaient brûlé ceux de Mandajors, de Roque-

vaire, de Cabrières, de Vales-
cure, de Moissac, de Montle-
zon, de Sainte-Croix, de Piéfo-
ran et des Plantiers, et environ
quarante églises. Pour blâmer
hautement ces expéditions, un
synode des pays étrangers leur
adressa une lettre qui contient
des révélations curieuses. En
voici un fragment : « On nous
» confirme de toutes parts, di-
» sent les auteurs de la lettre,
» que vous tolérez parmi vous,
» non-seulement des filles liber-
» tines travesties en garçons,
» qui contrefont les fanatiques
» d'Écosse ; mais encore des
» troupes de furieux qui osent
» se vanter d'être inspirés du

» Saint - Esprit et de professer
» notre sainte religion ; qui , ce-
» pendant , courent toutes les
» nuits, le fer et le feu à la
» main , pour se venger eux-
» mêmes de ceux qu'ils regardent
» comme leurs ennemis ; qu'ils
» les égorgent dans les bras du
» sommeil , et qu'ils brûlent
» leurs maisons ; en sorte , qu'au
» lever du soleil , on ne trouve
» sur leurs traces qu'édifices
» embrâsés , et que sang ré-
» pandu. »

Cette lettre fit cesser un moment ces sanglantes expéditions ;
mais elles recommencèrent bientôt. Cavalier avait formé le dessein d'aller soulever le Vivarais,

où il entretenait des intelligences. Le comte du Roure, lieutenant du roi dans la province, lui ayant fait demander quelle était la cause de sa révolte, Cavalier répondit : « Que si lui et ses amis » avaient pris les armes, ce n'é- » tait point pour attaquer, mais » pour se défendre ; que, puis- » qu'on ne voulait pas les laisser » en repos chez eux, mais les » obliger d'abandonner une re- » ligion qu'ils croyaient bonne, » et les forcer d'aller à la messe, » et de se prosterner devant des » images de bois et de pierre, » contre les lumières et les mou- » vemens de leur conscience, ils » aimaient mieux mourir les

» armes à la main , que de se
» damner; que, néanmoins, ils
» étaient prêts à quitter les ar-
» mes et à les employer , ainsi
» que leurs biens et leurs vies ,
» au service du roi, dès le mo-
» ment qu'on voudrait bien leur
» accorder la liberté de cons-
» cience, et la délivrance de
» leurs parens, de leurs frères
» et de leurs amis qui étaient
» sur les galères, ou renfermés
» dans les prisons pour cause de
» religion; et qu'on cesserait de
» faire subir aux protestans, pour
» la même cause, des morts
» cruelles et ignominieuses. »

Arrivé sur les bords de l'Ar-
dèche, Cavalier en trouva tous les

passages si bien gardés, qu'il lui fut impossible de pénétrer en Vivarais. Le brigadier Julien le suivait à la piste. Le comte du Roure, de son côté, s'avançait contre lui à la tête des milices et des gentilshommes du pays. Les Camisards, resserrés entre deux feux, repoussèrent à Vagnas l'armée du comte du Roure; mais, atteints le lendemain par Julien, qui avait avec lui des forces supérieures, ils furent mis en déroute et se dispersèrent dans les bois. Ainsi, l'expédition du Vivarais fut entièrement manquée.

Tandis que la troupe de Cavalier était débandée, celle de

Joany s'emparait de Genolhac, dans les Hautes-Cévennes. Cette malheureuse ville fut prise et reprise trois fois par les deux partis.

C'est alors qu'il se forma, dans les villages voisins, des troupes de paysans catholiques qui disputèrent avec les Camisards à qui ferait le plus de ravages dans le pays. On les nomma *Florentins*, du nom des habitans de Saint-Florent, qui l'emportèrent sur tous les autres par leurs massacres et leurs incendies.

Dans les premiers jours de février 1703, le comte de Broglie fut rappelé, et la cour envoya à sa place le maréchal de Montrevel. Nicolas-Auguste de Montrevel, alors âgé de cinquante-six ans, récemment élevé à la dignité de maréchal de France, et nommé au commandement général du Languedoc, arriva dans la province avec des troupes nouvelles, pour étouffer promptement l'insurrection.

Loin de se décourager, en voyant ce nouveau déploiement de forces, les Camisards continuaient à tenir le pays. Cavalier, dont la troupe semblait dispersée depuis sa défaite à Vagnas, avait reparu dans la plaine. Ravanel, un de ses lieutenans, se rendit aux environs de Nîmes, avec trois ou quatre cents hommes. Le maréchal de Montrevel, qui était alors dans cette ville, instruit de la marche des Camisards, fait mettre sur pied toutes les troupes qu'il a à sa disposition, et s'avance contre eux. Le combat fut opiniâtre. Accablés par le nombre, les Camisards se retirèrent en bon ordre, et la nuit vint les dérober à la poursuite de l'ennemi.

Le maréchal, irrité de l'audace des rebelles, rendit, le 23 février, une ordonnance par laquelle tous ceux qui seraient pris les armes à la main, ou parmi les révoltés, étaient punis de mort. Une autre ordonnance du 24, rendit les communautés responsables de tous les ravages commis sur leur territoire.

Le maréchal croyait, par ces mesures violentes, anéantir d'un seul coup toutes les ressources que les Camisards tiraient des habitans du pays, et d'un prétendu consistoire secret accusé de fomenter les troubles des Cévennes, mais dont l'existence n'a jamais été démontrée. Loin de remplir ce but, les ordonnances ne servirent qu'à grossir le nombre des mécontens, et donnèrent lieu à de sanglantes représailles.

Vers la même époque, il parut deux écrits en faveur des Camisards : l'un était adressé aux puissances maritimes d'Angleterre et de Hollande, pour les engager à secourir les révoltés des Cévennes ; l'autre était un manifeste sur leur prise d'armes.

Après avoir énuméré tous les griefs des protestans de France, voici comment s'exprime l'auteur du manifeste, sur la révocation de l'édit de Nantes : « Après » nous avoir fait tous ces maux, » on cassa et on révoqua enfin » l'édit de Nantes, qui était un » édit perpétuel et irrévocable, » donné par Henri-le-Grand, en » l'année 1598; édit qui fut vé- » rifié dans tous les parlemens, » pour être observé inviolable- » ment, et qui a quatre carac- » tères incontestables : 1° celui

» d'être une promesse royale et
» souveraine que le roi donnait,
» non-seulement pour le temps de
» son règne, mais aussi pour tous
» ses descendans et successeurs, à
» perpétuité ; 2° d'être un arrêt
» authentique, définitif et irré-
» vocable, pour servir à jamais de
» réglement et de loi entre deux
» partis opposés ; 3° d'être un
» traité accepté, convenu et
» consenti par tout l'Etat, pour
» servir, en cette qualité, de loi
» et de réglement perpétuel ;
» 4° d'avoir été rendu sacré, et
» comme divin, par le consen-
» tement et le serment réci-
» proque de tout le royaume. »

Cette pièce, qui parut en Hollande, et dont l'auteur est inconnu, fut attribuée à un de ces protestans zélés qui, retirés dans les pays étrangers, ne cessaient d'engager les cabinets de Hollande et d'Angleterre à fournir des secours aux Camisards.

Ceux-ci, malgré la sévérité des ordonnances de Montrevel, et l'arrivée des nouvelles troupes, continuaient à parcourir le pays, tambour battant, pillant les catholiques, et brûlant les églises. Les débris de la troupe de Cavalier s'étaient réunis à celles de Roland, dans les Basses-Cévennes. Le maréchal de Montrevel atteignit les révoltés près de Pompignan, et les mit en fuite. Cavalier était alors malade de la petite-vérole, et avait laissé, en son absence, le commandement de sa troupe à ses lieutenans, Catinat et Ravanel, qui firent dans cette action des prodiges de valeur, sans pouvoir empêcher la défaite de leurs frères.

Après sa victoire, le maréchal assembla, à Nîmes, tous les gentilshommes protestans des six diocèses ravagés par la guerre, et leur ordonna, au nom du roi, d'user de toute leur influence sur leurs vassaux pour mettre un terme à l'insurrection. En même temps, il faisait exécuter, dans toute leur rigueur, ses ordonnances contre les révoltés. Des villages entiers étaient condamnés au pillage, pour avoir fourni des vivres aux Camisards; chaque jour, les principales villes du Languedoc voyaient des protestans périr dans les supplices, et tous ces malheureux allaient à la mort avec un courage qui aurait dû apprendre à leurs persécuteurs que ce n'est point avec des bourreaux qu'on tue des croyances.

Le dimanche des rameaux, le maréchal ayant appris qu'il venait de se former une assemblée religieuse dans un moulin, aux portes de Nîmes, il sortit de la ville avec toutes les troupes, enveloppa le moulin, situé sur le canal de la Gau, et y fit mettre le feu. Tous ceux qui étaient dedans périrent par les flammes ou par le fer des dragons. Leur nombre monta à quatre-vingt personnes. Il ne se sauva qu'une jeune fille de dix-sept ans : elle dut son salut à un valet de chambre du maréchal. Mais Montrevel en étant instruit, fit pendre la jeune fille; et déjà la potence était dressée pour son libérateur, quand des dames se jetèrent aux pieds du maréchal pour demander sa grâce. Après avoir longtemps repoussé leurs instances, il se contenta de le bannir de la ville.

Tous ces moyens étaient peu propres à rendre le calme au pays. Tandis que les Camisards brûlaient les églises et pillaient les catholiques, des troupes de paysans catholiques, nommés Cadets-de-la-Croix, pillaient et massacraient les protestans. Alors le maréchal conçut le projet de faire enlever de force, dans les Cévennes, tous les nouveaux convertis qui avaient des parens parmi les Camisards, ou qui étaient soupçonnés de leur fournir des secours. Les enlèvemens commencèrent par la paroisse de Mialet, près d'Anduze; on y arrêta cinq cent-quatre-vingt-dix personnes, et toute la paroisse fut mise au pillage : les hommes furent embarqués et envoyés dans les prisons de Salces, en Roussillon. Le brigadier Julien, qui était chargé des enlèvemens, passa de Mialet à Saumane; il y fit arrêter trois cents personnes, chargea cinquante mulets de leurs meubles les plus précieux, et mit le feu à toutes les maisons de la paroisse.

Un grand nombre de nouveaux convertis, poussés au désespoir et craignant chaque jour de se voir enlever, allèrent joindre les Camisards. Ceux-ci se vengèrent, sur les catholiques de Montlezan, d'Aurilhac et de la Salle, des enlèvemens de Saumane et de Mialet. Le brigadier de Planque se mit à leur poursuite, et défit la troupe de Cavalier au colet de Déze et à la tour de Bélot.

En avril 1703, le maréchal de Montrevel, en voyant le grand nombre de troupes récemment arrivées dans la province, crut un moment qu'il allait terminer la guerre : il avait alors sous ses ordres, outre six compagnies de miquelets et plusieurs régimens de bourgeoisie, vingt bataillons de troupes réglées, et trois régimens de dragons. L'esprit toujours rempli de mesures de rigueur, il avait fait désarmer les protes- tans de Nîmes, et rendu, par une ordonnance, toutes les communautés responsables des secours fournis aux révoltés. De plus, il autorisa, pour leur courir sus, ces bandes de paysans catholiques qui ravageaient le pays; et donna des commissions à quatre partisans, qui se rendirent redoutables par leurs meurtres et leurs brigandages. Le plus fameux des quatre était un nommé *frère Gabriel,* gentilhomme du Dauphiné, autrefois homme de guerre, et qui depuis s'était fait ermite.

En même temps le pape Clément XI adressa aux évêques de Montpellier, de Nîmes, d'Uzés, de Viviers, de Mende et d'Alais, une bulle, en date du premier mai, laquelle, assimilant les Camisards aux anciens Albigeois, accordait indulgence plénière de leurs péchés à tous ceux qui prendraient les armes pour exterminer *cette race maudite et exécrable.*

Les Camisards, de leur côté, ne perdaient point courage : tandis qu'ils poursuivaient la guerre avec vigueur, dans les Cévennes, leurs amis des pays étrangers publiaient un nouvel écrit, adressé à la reine Anne, et à S. A. R. le prince Georges de Dannemarck, dans lequel était démontrée la nécessité de donner un prompt et puissant secours aux protestans des Cévennes : il paraît certain que dès lors les puissances alliées songèrent à leur faire tenir des armes et de l'argent.

Le maréchal de Montrevel, pour mettre ses troupes en état d'agir avec plus de promptitude contre les révoltés, fixa son séjour à Alais, point central de l'insurrection. Les Camisards continuaient à brûler les églises, tantôt d'un côté tantôt de l'autre ce qui obligeait les troupes royales à se diviser en petites bandes, pour les poursuivre, et rendait ainsi à peu près nulle la supériorité de leur nombre. Cavalier, voulant avoir de la cavalerie, pour l'opposer aux dragons, ou pour agir avec plus de célérité dans quelques expéditions, envoya ses lieutenans, Catinat et Samuelet, enlever des chevaux à la Camargue, dans les marais d'Arles, et le long de la côte du Rhône. Au mois de juin, Montrevel mit toutes ses troupes en mouvement depuis Alais jusqu'à Montpellier pour chercher les Camisards qu'on croyait retirés dans les bois, et les forcer d'en sortir ; mais toutes ses recherches furent inutiles. Les mécontens paraissaient sur un point, brûlaient quelque église, pillaient les catholiques, mettaient en fuite quelque détachement des troupes royales, et disparaissaient tout à coup, sans qu'on pût découvrir leur retraite. Peut-être se

cachaient - ils dans des endroits
inaccessibles , peut-être se mê-
laient-ils aux habitans de la campagne et des villages voisins.
Quoiqu'il en soit , Montrevel ,
persuadé qu'un consistoire secret
dirigeait leurs opérations , et que
tousles protestans du pays étaient
leurs complices , recommença
contre ces derniers les enlèvemens et les exécutions. Pour
ôter aux Camisards tout moyen
d'avoir du pain , il rendit une
ordonnance qui commandait d'a-
battre tous les fours des métairies et des petits lieux , et de les
murer à chaux et à sable. En
même temps, il fit mettre le feu
à plusieurs villages qui leur

avaient fourni des provisions. Les
Camisards, pour se venger, mas-
sacrèrent plusieurs prêtres catholiques, et brûlèrent les églises
de Senillac, de Serviés, de
Saint-Laurent de la Vernéde,
de Lezan, de Brignon, de Mous-
sac, de Castelnau, et le château
de Lioux, près de Quissac.

Cavalier défit, vers Sommières,
un détachement des troupes royales; et Roland, surpris à la
Combe de Bisoux, où il tenait
une assemblée religieuse, défila
avec sa troupe en présence de
l'ennemi, qui n'osa attaquer que
son arrière-garde.

Vers la même époque, Cavalier tenait aussi une assemblée

près de Sérignan. Après le chant des psaumes, voilà tout à coup le prophète Clary, dont les inspirations étaient, avec celles de Cavalier, les guides ordinaires de la troupe, qui est saisi de l'esprit. Il eut de grandes agitations, et l'esprit lui fit prononcer ces mots : *Je t'assure, mon enfant, qu'il y a deux hommes dans cette assemblée, qui n'y sont venus que pour vous trahir ; ils ont été envoyés par vos ennemis pour vous épier; mais je te dis que je permettrai qu'ils soient découverts , et que tu mettes toi-même la main sur eux.* «Alors, Clary , dit un » témoin oculaire, dont je copie le » récit en l'abrégeant , marcha

» vers l'un des traîtres, et mit
» la main sur son bras.

» Au même instant, l'autre es-
» pion, qui était à quelque dis-
» tance, fendit la presse, et vint,
» auprès de son camarade, se jeter
» aux pieds de Cavalier. Tous deux
» avouèrent leur crime, le rejetant
» sur leur pauvreté, et en deman-
» dèrent pardon à l'assemblée,
» promettant d'être fidèles à l'ave-
» nir, si on voulait leur laisser la
» vie. Cavalier les fit lier, et or-
» donna qu'on les gardât. L'ins-
» piration de Clary continuant,
» l'esprit lui fit dire à fort haute
» voix, que plusieurs murmu-
» raient sur cet événement,
» comme si la facilité avec la-

» quelle les accusés avaient con-
» fessé leur crime était une preuve
» qu'il y avait eu de l'intelligence
» entre Clary et eux, pour suppo-
» ser un miracle. *O gens de petite*
» *foi*, dit l'esprit, *est-ce que vous*
» *doutez encore de ma puissance*
» *après tant de miracles que je*
» *vous ai fait voir! Je veux qu'on*
» *allume tout présentement un*
» *feu, et que tu te mettes au mi-*
» *lieu des flammes, sans qu'elles*
» *aient de pouvoir sur toi.*

» Sur cela, ceux qui avaient
» murmuré s'écrièrent : *Seigneur,*
» *retire de nous l'épreuve du feu!*
» *nous avons éprouvé que tu con-*
» *nais les cœurs.*

» Mais Clary insistant avec

» grand redoublement d'agita-
» tions, Cavalier, qui avait d'a-
» bord paru indécis, finit par faire
» allumer un grand feu de bran-
» ches de pin. Toute la troupe se
» rangea à l'entour, et Clary, vêtu
» d'une camisole blanche, se mit
» au milieu du tas de bois en-
» flammé, se tenant debout, et le-
» vant ses mains jointes au-des-
» sus de la tête. L'esprit ne le
» quitta point pendant tout ce
» temps ; et, lorsqu'il sortit du
» feu, il parlait encore avec san-
» glots et mouvemens de poitrine.
» Cavalier fit la prière générale,
» pour rendre grâces à Dieu du mi-
» racle qu'il avait daigné faire pour
» fortifier la foi de ses serviteurs.

» Je fus des premiers, ajoute l'au-
» teur; à embrasser le digne frère
» Clary, et à considérer son habit
» et ses cheveux que le feu avait
» tellement respectés, qu'il était
» impossible d'en apercevoir au-
» cune trace. »

Quelque idée qu'on ait de l'exactitude de l'historien, ou des moyens employés par le prophête pour sortir sain et sauf d'une pareille épreuve, il est certain que cet événement fit grand bruit dans la province. Il prouve du moins à quel degré était portée l'exaltation religieuse dans une armée dont les chefs opéraient eux-mêmes des miracles.

Montrevel usant toujours des

mêmes rigueurs envers les protestans, fit enlever un grand nombre d'habitans du Doyenné de Sausset, au diocèse d'Uzès, et dépeupla entièrement plusieurs paroisses. Il fit arrêter en même temps le père et le frère de Cavalier. Celui-ci, furieux, écrivit au maréchal, que s'il ne mettait son père en liberté, il irait le délivrer à la tête de dix mille hommes. Le maréchal, pour toute réponse, envoya deux cent-cinquante dragons à Ribaute, brûler la maison dans laquelle le chef camisard avait pris naissance. Entre les divers moyens dont Montrevel se servait pour reconnaître parmi les protestans ceux qui avaient fait

partie des bandes des révoltés, il en est un qui mérite une mention particulière : c'est une baguette de magicien qui tournait sur la tête des Camisards. Voici ce qu'un historien contemporain raconte de cette baguette : «M. le
» maréchal ayant appris certains
» désordres que les Camisards
» avaient commis aux environs
» d'Alais, fit partir d'abord un
» gros détachement , avec un
» homme que M. de Baville avait
» fait venir de Lyon, et qui se
» servait de la baguette pour trou-
» ver les assassins ; l'on ne trouva
» qu'un berger massacré, à qui
» les incendiaires avaient écrasé
» la tête à coups de pierres; mais

» la baguette tourna sur dix-huit
» personnes qui étaient dans des
» maisons voisines. On les prit et
» on les conduisit à Alais. » Cer-
tes, la baguette dévinatoire du
maréchal valait bien l'épreuve du
feu du prophète Clary : celui-ci,
du moins, avait fait cette épreuve
à ses risques et périls; tandis que
sur le témoignage d'une baguette
un intendant de province et un
maréchal de France condam-
naient les sujets du roi aux flammes et à la roue.

Non contens d'user de pareils
moyens contre les protestans, Baville et Montrevel adoptèrent un
projet déjà proposé souvent, mais
toujours repoussé par ce qu'il

avait de trop barbare dans son exécution. Pour ôter tout moyen de subsistance aux Camisards , on décida de dévaster entièrement dans les hautes Cévennes, trente-une paroisses , qui comprenaient quatre-cent-soixante-six villages ou hameaux. Les Camisards , poussés au désespoir, ne gardèrent plus de mesures avec un ennemi qui n'en gardait plus avec eux.

Le 14 septembre , Cavalier écrivit au roi une lettre apologétique fort longue , et remplie de citations de l'Écriture, pour prouver que lui et ses frères avaient dû prendre les armes pour obtenir la liberté de conscience. Cette lettre, datée du désert, était signée, *Cavalier, chef des troupes envoyées de Dieu.*

En même temps, Roland écrivait une lettre de défi à la garnison et aux habitans de Saint-Germain, leur donnant rendez-vous au Champ - Domergues, et les menaçant d'aller dans leur bourg incendier plusieurs maisons. Voici une autre lettre du même, conservée par un historien : «Nous,
» comte Roland, général des
» troupes protestantes de France,
» assemblées dans les Cévennes,
» en Languedoc, ordonnons aux
» habitans de Saint-André de
» Valborgne, d'avertir comme il
» faut les prêtres et les mission-

» naires, que nous leur défen-
» dons de dire la messe et de prê-
» cher dans ledit lieu, et qu'ils
» aient à se retirer ailleurs, sous
» peine d'être brûlés vifs avec
» leur église et leurs maisons,
» aussi bien que leurs adhérens;
» ne leur donnant que trois jours
» pour exécuter le présent ordre.

Le comte ROLAND. »

Montrevel, de son côté, se préparait à mettre à exécution son projet de dévastation dans les hautes Cévennes.

Par une ordonnance datée du 20 septembre, il avertissait les anciens catholiques, qui ne se croyaient pas en sûreté aux lieux de leur habitation, qu'ils pouvaient se retirer, à leur choix, dans les villes d'Alais, d'Anduze, du Vigan, Nîmes, Montpellier, Saint - Hypolite, Uzès et Sommières, où les consuls auraient ordre de pourvoir à leur subsistance, jusqu'à ce qu'ils pussent rentrer dans leurs maisons.

Une autre ordonnance indiquait les lieux où devaient se retirer les habitans nouveaux convertis des paroisses que l'on devait dévaster.

Cette ordonnance du maréchal portait : « Qu'ayant plu au roi » de lui commander de mettre » les paroisses et les lieux susdits » hors d'état de fournir ni vivres » ni secours aux rebelles attrou-

» pés, et de n'y laisser aucun ha-
» bitant, il ordonnait aux habi-
» tans desdites paroisses, de se
» rendre incessamment dans les
» lieux indiqués, avec leurs meu-
» bles, bestiaux, et générale-
» ment tout ce qu'ils pourraient
» emporter de leurs effets, décla-
» rant que, faute de cela, leurs
» effets seraient confisqués et pris
» par les troupes employées pour
» détruire leurs maisons. Défen-
» dant à toutes les autres com-
» munautés de les recevoir, à
» peine de désobéissance, du râ-
» sement de leurs maisons, et
» de la perte de leurs biens ; et,
» au surplus, d'être traitées

» comme rebelles aux ordres de
» Sa Majesté. »

Suivait une longue instruction
pour prescrire le mode à suivre
dans la dévastation du pays.

Après ces dispositions prélimi-
naires, Montrevel et Baville partirent d'Alais le 26 septembre,
emmenant avec eux les brigadiers
d'infanterie de Vergetot et de
Marsily, deux bataillons de Royal-
Comtois, deux de Soissonnais, le
régiment de dragons de Languedoc, et deux cents dragons du régiment de Fimarcon.

En même temps, le maréchal
de camp Julien se rendit au
pont de Montvert, avec les deux
bataillons de Hainaut, Le mar-

quis de Canillac, brigadier d'infanterie, arriva à Vebron, avec les deux bataillons de son régiment, qui était en Rouergue, et le comte de Peyre amena de son côté quarante - cinq compagnies de milices du Gévaudan, suivies d'un grand nombre de bêtes de somme chargées de leviers, de haches, et autres instrumens pour abattre les maisons.

A l'approche de tant de troupes, les protestans se crurent au moment d'un massacre général. Ils hésitaient à se rendre aux lieux indiqués par l'ordonnance; et la plupart de ceux qui étaient en état de porter les armes, allèrent joindre les Camisards.

Julien et le marquis de Canillac, chargés de la dévastation du pays, mirent de suite la
main à l'œuvre. Vers cette époque,
deux vaisseaux anglais, détachés
par l'amiral Showel, de la flotte
combinée de la Hollande et de
l'Angleterre, parurent sur la côte,
à la hauteur de Maguelonne, et
jetèrent l'alarme dans le pays.

Ils apportaient aux Camisards
des armes, de l'argent et des
munitions.

Le maréchal courut à Cette,
avec de l'artillerie et un grand
nombre de troupes.

Les vaisseaux firent différens
signaux, mais comme les Cami-

sards ne parurent pas sur les côtes, ils reprirent le large.

Cavalier entretenait depuis long-temps des intelligences dans le Rouergue. Il envoya Catinat et deux autres de ses lieutenans tenter un soulèvement dans ce pays; mais ils ne réussirent pas. Il paraît que les alliés songeaient alors sérieusement à tirer parti de la révolte des Cévennes. On arrêta deux agens de la Hollande qui venaient se joindre aux Camisards; ils furent mis à la question et révélèrent leurs instructions secrètes.

Baville et Montrevel, instruits des projets des alliés sur le Languedoc, prirent de nouvelles mesures de sûreté pour mettre la province à couvert de leurs entreprises.

Cependant, le projet de dévastation s'exécutait dans toute sa rigueur. Déjà, un grand nombre de bourgs, de villages, de hameaux, n'étaient plus que des monceaux de ruines. Mais ceux qui avaient accumulé tant de ravages commençaient à en ressentir les effets : les soldats périssaient du défaut de vivres, ou des maladies occasionées par la fatigue. Julien, désespérant de pouvoir renverser par la main des hommes tant d'habitations restées debout, demanda à la cour la permission d'employer le feu. Le feu fut accordé. Alors l'incendie parcourut le pays; et, de tout ce qui, autrefois, avait été village, hameau, cabane ou métairie, il ne resta qu'un amas de cendres.

Tandis qu'on désolait leurs montagnes, les Camisards, pour faire diversion, descendaient dans la plaine. Vers les premiers jours d'octobre, Cavalier brûla les églises d'Uchau, de Nages, de Vergèse, et de plusieurs autres pays voisins. Dès qu'il a attiré les troupes de ce côté, il marche sur Uzès, défie au combat le commandant de la garnison, et le défait aux environs de Lussan. Quelque temps après, il est surpris à Nages par plusieurs compagnies de dragons, et les met en fuite.

Il rapporte dans ses Mémoires, qu'avant le combat, s'étant écarté de sa troupe pour reconnaître l'ennemi, il avait été coupé, à son retour, par un cornette et deux dragons. Le cornette s'avançant sur lui, cria: *C'est Cavalier; je vous connais; rendez-vous ; vous ne sauriez échapper, et vous aurez bon quartier.* A cela, le chef camisard lui casse la tête d'un coup de fusil; et, prenant ses deux pistolets, en fait autant aux deux dragons, et regagne sa troupe. Surpris de nouveau à Vergèze, par le comte de Fimarcon, qui avait avec lui des forces bien supérieures aux siennes, il se retira en toute hâte avec sa petite troupe dans un bois d'oliviers, où le comte n'osa pas le poursuivre, craignant qu'il n'eût là de nouvelles troupes embusquées. Peu de temps après, quatre Camisards s'étant rendus coupables, sur la personne d'une jeune dame catholique, d'un meurtre accompagné de circonstances horribles, Cavalier les fit juger par un conseil de guerre; trois furent fusillés; le quatrième parvint à s'échapper. Il fit aussi mettre à mort deux traîtres que l'inspiration lui fit reconnaître dans sa troupe. Un historien catholique raconte, qu'à cette époque, Cavalier songea à s'établir pour toujours dans le Bas-Languedoc, dont il se regardait comme le maître.

« Dans cette pensée, dit cet » historien, il rechercha en ma- » riage une fille jeune et bien » faite, du lieu de Ners, et d'hon- » nête condition. Il offrait de » l'épouser solennellement dans » une assemblée nombreuse, de » l'habiller richement, et de lui » donner publiquement le titre » de *duchesse des Cévennes*; mais » des incidens empêchèrent cette » alliance. »

Le même auteur prétend que Roland était si fier du titre de

commandant-général qu'il s'attribuait, que son air impérieux et grave, à l'égard même de ses officiers, le faisait redouter ; en sorte que chacun en lui parlant, affectait de le traiter de monseigneur.

Le long et pénible travail de la dévastation des Cévennes avait été mené à fin. Les incendies de Julien, commencés le 29 septembre, furent terminés le 4 décembre. Une étendue de pays d'environ quarante lieues carrées avait été changée en désert, et l'auteur de ces expéditions s'en faisait gloire, et se félicitait de goûter enfin quelque repos, après tant de fatigues.

Les premiers jours de 1704 virent accroître les forces et l'acharnement des deux partis. La guerre avait changé de théâtre. Son foyer principal avait été transporté des hautes Cévennes dans le bas Languedoc. Le maréchal de Montrevel, se fiant au nombre de ses troupes et à l'efficacité des mesures terribles qu'il employait contre le pays, se flattait de mettre bientôt un terme à l'insurrection. Mais les Camisards, maîtres de la campagne, et toujours disséminés en petites bandes, obligeaient les troupes royales à se diviser pour les poursuivre, échappaient à leur poursuite par leur connaissance du pays, et devenaient tout à coup assaillans, quand ils avaient pour eux l'avantage du lieu ou du nombre. C'était la tactique ordinaire de Cavalier, toujours alerte dans ses courses, toujours brave dans le péril, toujours hardi dans ses entreprises. Roland et les autres chefs suivaient son exemple, et Montrevel, avec sa nombreuse armée, était sans cesse à la quête d'un ennemi qui paraissait partout et qu'il ne trouvait nulle part. Mais il se vengeait sur le pays des fatigues inutiles qu'il se donnait souvent à poursuivre les rebelles. Tous les villages soupçonnés de fournir une retraite ou des provisions aux Camisards, étaient pillés et brûlés ; il avait pour maxime qu'il fallait, dans ces occasions, *fermer la porte à la pitié, et mépriser toutes les plaintes.*

D'un autre côté, Julien faisait des enlèvemens en divers lieux, et détruisait tous les moulins et les fours dont les Camisards auraient pu faire usage. Parmi les personnes enlevées il trouva un jour une prophétesse célèbre, du lieu de Lussan, nommée la *Grande Marie*, à cause de sa haute taille, et un des brigadiers de Cavalier, nommé Louis Jonquet ; tous deux furent exécutés à Nîmes. En même temps, l'ermite Gabriel parcourait le pays avec ses Cadets de la Croix, et faisait à lui seul plus de mal que tous les officiers des troupes royales. Il commit tant de meurtres, qu'il en fut porté plainte aux états de Languedoc; mais il fut défendu par les évêques. *On tâche à le décrier lui et sa troupe*, dit, dans ses lettres, Fléchier, alors évêque de Nîmes, *mais nous l'avons bien soutenu*. Ainsi, c'était le haut clergé qui justifiait les massacres.

En janvier, quelques engagemens eurent lieu entre les dragons et les troupes de Roland et de Cavalier; mais les Camisards eurent partout l'avantage.

Montrevel, résolu à faire une

guerre d'extermination , jusqu'à
ce qu'il eût mis fin à la révolte,
rendit plusieurs ordonnances qui
enjoignaient, sous des peines sévères, à tous les bourgs et à tous
les grands villages, de fermer leur
enceinte, et à tous les habitans
des métairies et des hameaux de
s'y retirer avec toutes leurs provisions, afin que les Camisards
périssent de faim et de misère.
Après la publication de ces ordonnances, tous les protestans
trouvés dans la campagne furent
massacrés. Les Mémoires du
temps sont remplis du récit de ces
massacres exécutés sur des femmes, sur des enfans, et toujours
accompagnés de circonstances

horribles. Le brigadier de Planque en commanda un grand nombre pour sa part. Mais rien n'approche des cruautés commises
par les Cadets de la Croix.

La situation de la province était
affreuse. Rossel, baron d'Aigaliers, gentilhomme protestant,
rempli d'excellentes intentions,
essaya de mettre un terme aux
malheurs de son pays. Dans ce
dessein, il se rendit à Paris, fut
présenté au ministre Chamillart,
et lui communiqua un projet de
pacification qui consistait « à per-
» mettre à tel nombre de religion-
» naires qu'on trouverait à propos
» de s'armer pour aller faire con-
» naître aux rebelles, que, bien

» loin de les favoriser, les protes-
» tans voulaient, ou les ramener
» par leur exemple, ou les com-
» battre.»

Sans s'expliquer sur ce projet, Chamillart présenta le baron au maréchal de Villars, qui devait aller prendre la place de Montrevel dans le commandement du Languedoc. Depuis quelque temps, la cour paraissait peu satisfaite de la conduite de Montrevel. On ne comprenait pas à Versailles comment, avec les troupes qu'il avait à sa disposition, il n'avait pu parvenir encore à éteindre la révolte. Dès le 14 février, le maréchal avait écrit au roi une lettre destinée en quelque sorte à justifier sa conduite ; ce qui prouve qu'il y avait déjà à cette époque des plaintes contre lui. De nouveaux avantages obtenus par les Camisards, une tentative de soulèvement dans le Vivarais , quoique bientôt réprimée , et surtout la victoire remportée par Cavalier, le 15 mars , au lieu nommé *les Devois de Martignargues* , sur les troupes de la marine , achevèrent de le perdre dans l'esprit de la cour; il fut rappelé. Cavalier prétend, dans ses Mémoires , que Baville ne fut pas étranger à ce rappel. Baville et Montrevel se haïssaient réciproquement, quoique très-liés en apparence.

Le maréchal avait été chargé d'espionner la conduite de l'intendant; et celui-ci, qui en avait eu avis, ne négligea aucun moyen pour se débarrasser d'un surveillant incommode. Mais, avant de partir, Montrevel *voulut*, comme on assure qu'il le dit lui-même, *prendre congé de ses amis*. Averti par ses espions que Cavalier était à Caveirac, il mit en mouvement un grand nombre de troupes pour le cerner; lui-même partit de Sommières, le 16 avril, à neuf heures du matin, à la tête d'un corps de neuf cents hommes. Les Camisards étaient déjà aux prises avec un de ses lieutenans. Cavalier, s'apercevant que l'ennemi

avait des forces supérieures, s'é-
tait replié sur les hauteurs de
Nages; mais, là, il se vit enveloppé de toutes parts, et sans
issue. « Enfans, dit-il à sa troupe,
» nous sommes pris et roués vifs
» si nous manquons de cœur.
» Nous n'avons qu'un moyen : il
» faut se faire jour, et passer sur
» le ventre à ces gens-là. Serrez-
» vous, et suivez-moi. » A ces
mots, les Camisards se précipi-
tent sur l'ennemi. Les soldats des
deux partis se mêlent, se battent
corps-à-corps, se prennent aux
cheveux, se tuent à coups de
baïonnettes. Enfin, la troupe de
Cavalier, accablée par le nombre, est rompue, et se disperse.

e.

Cavalier en rallie les débris, force le passage d'un pont gardé par des dragons, et gagne un bois voisin, où la nuit vint le dérober aux poursuites des troupes royales. Il avait perdu plus du tiers de sa troupe. Au rapport des historiens catholiques, la perte du maréchal s'éleva à quatre cents hommes. Cavalier dit dans ses Mémoires, qu'il n'avait avec lui, avant la bataille, que huit cents hommes de pied, et cent chevaux ; tandis que l'armée de Montrevel montait à près de cinq mille hommes.

La défaite du 16 avril qu'on peut regarder comme décisive dans la guerre des Camisards, fut suivie de nouveaux échecs. Ca-

valier, vivement poursuivi, passa
le Gardon et alla se cacher avec
les débris de sa troupe dans les
bois de Vaquières et de Bouquet ;
en allant à sa recherche, les troupes royales découvrirent dans les
bois d'Euzet une immense caverne, où les mécontens avaient
caché du blé, de la farine, des
habits, des armes; ils y fabriquaient en même temps de la poudre à canon, et y déposaient leurs
blessés et leurs malades. Cette
découverte porta le dernier coup
à Cavalier. Tous les Camisards
trouvés dans la caverne furent
massacrés, et leur chef resta er-
rant dans les bois sans munitions
et sans vivres.

Conformément aux ordres de la Cour, Montrevel était parti de Nîmes le 18 avril, et le 20 du même mois le maréchal de Villars fit son entrée dans cette ville. Le nouveau gouverneur suivit un système opposé à celui de son prédécesseur : Il eut plusieurs entretiens avec le baron d'Aigaliers et le maréchal de camp de Julien sur l'état du pays. Les protestans de Nîmes lui ayant présenté une requête conforme aux projets du baron d'Aigaliers pour la soumission des rebelles, il les remercia avec bonté de leurs offres de service, et leur dit qu'il se servirait d'eux avec la même confiance qu'il aurait pour les anciens ca-

tholiques. Ensuite, il voulut s'assurer par lui-même de la situation du pays et visita les principales villes de la province, parlant dans tous ses discours aux
communautés d'amnistie et de
voies de douceur.

D'Aigaliers éprouva d'abord
quelque opposition à son projet de
pacification de la part des anciens
lieutenans de Montrevel, de Planque et de Julien, mais le maréchal finit par l'autoriser à lever sa
compagnie de protestans.

Avant que d'Aigaliers put s'a-
boucher avec aucun des chefs
camisards, Baville et Lalande,
pour lui enlever la gloire de pacifier le pays, se hâtèrent d'entrer

eux-mêmes en négociation avec Cavalier, par l'entremise d'un nommé Lacombe, chez qui Cavalier avait été placé dans sa jeunesse comme petit berger. Le chef camisard crut devoir écouter, les propositions de paix qui lui furent faites ; et voici ses raisons : « La perte que j'avais faite à » Nages, dit-il dans ses mémoi- » res, était d'autant plus grande » qu'elle ne pouvait être réparée. » J'avais perdu d'un seul coup » une grande quantité d'armes, » toutes mes munitions, tout mon » argent, et surtout un corps de » soldats faits au feu et à la fati- » gue, et avec lesquels je pouvais » tout entreprendre. Mais la perte

» de mes magasins était encore
» la plus sensible ; elle m'était
» plus fatale que toutes les autres
» ensemble : car, jusque-là, j'a-
» vais toujours eu quelque res-
» source pour me rétablir ; et
» cette fois il ne m'en restait au-
» cune. Le pays était désolé, l'a-
» mitié de nos amis refroidie,
» leurs bourses épuisées, cent
» bourgs ou villages saccagés et
» brûlés ; les prisons étaient
» pleines de protestans ; la cam-
» pagne déserte. Ajoutez à cela
» que le secours d'Angleterre
» promis depuis si long-temps
 n'arrivait pas, et que le maré-
» chal de Villars était arrivé avec
» de nouvelles troupes. »

Dès que Lalande apprit que Cavalier était disposé à entrer en négociation, il lui écrivit une lettre pour lui demander une entrevue, l'assurant qu'il pouvait s'y rendre en toute sûreté. Cavalier répondit pour marquer le lieu du rendez-vous, et chargea Catinat, commandant de sa cavalerie, d'aller porter en personne sa lettre au général, renfermé dans Alais.

En voyant la contenance fière du Camisard, Lalande lui demanda son nom : « Je suis Catinat, répondit celui-ci d'un ton ferme, et commandant de la cavalerie de Cavalier. — Quoi! vous êtes Catinat, lui dit Lalande, ce Catinat qui a massa-

» cré tant de gens dans le terroir
» de Beaucaire? — Oui, reprit
» Catinat en élevant la voix, je
» suis le même. J'ai fait ce que
» vous dites et j'ai cru le devoir
» faire. — Vous êtes bien hardi,
» dit le général, d'oser paraître
» devant moi. — J'y suis venu,
» répartit Catinat, sur la bonne
» foi et sur la parole que frère Ca-
» valier m'a donnée, qu'il ne me
» serait fait aucun mal. — Il a
» eu raison, repliqua Lalande. »
Et ayant lu la lettre de Cavalier,
il dit à Catinat : « Retournez auprès de Cavalier, assurez-le que
dans deux heures je serai au pont
d'Avénes avec trente dragons
seulement et quelques officiers ;

f

qu'il s'y s'il trouve avec pareil nombre. »

Deux heures après Lalande et Cavalier arrivèrent au rendez-vous. C'était le 12 mai, 1704 : Cavalier fit arrêter son escorte à deux portées de fusil du pont; Lalande en fit de même, et s'avança seul vers Cavalier qui de son côté vint seul aussi. Ils parlèrent tête à tête près de deux heures sur le pont. En rejoignant sa troupe, Cavalier ne lui dit pas ce qui avait fait le sujet de cet entretien. Voici ce qu'il en rapporte dans ses mémoires : « Après nous être salués, M. de Lalande me » demanda quelles étaient mes » prétentions, et en quoi con-

» sistaient mes demandes ? En
» trois choses, répondis-je; la
» première qu'on nous accorde la
» liberté de conscience ; la se-
» conde, qu'on délivre des pri-
» sons et des galères tous ceux
» qui y sont détenus pour cause
» de religion ; et la troisième, que
» si on nous refuse la liberté de
» conscience, on nous permette
» au moins de sortir du royaume.»
Lalande parut goûter surtout cette
dernière proposition, et demanda
à Cavalier quel nombre de personnes il désirait emmener avec lui.
Cavalier répondit, dix mille de
tout âge et de tout sexe. La demande parut excessive à Lalande;
mais il ajouta qu'il en ferait part

au maréchal; après quoi ils se séparèrent sans rien conclure. Le lendemain Cavalier eut une entrevue à Saint-Jean de Ceyragues avec le baron d'Aigaliers. « Nous nous embrassâmes, dit d'Aigaliers dans ses mémoires, comme si nous nous fussions connus depuis long-temps. Ma petite troupe se mêla avec la sienne ; ils se mirent à chanter des psaumes ensemble pendant que nous parlions, Cavalier et moi. » Dans cette entrevue le baron décida le chef Camisard à écrire au maréchal de Villars une lettre par laquelle il demandait à se soumettre avec toute sa troupe à la clémence du roi.

Depuis la conférence de Cavalier avec Lalande, la troupe du
premier marchait en plein jour
d'un bourg à l'autre, logeant par
étapes, recevant des officiers du
roi tout ce qui était nécessaire à sa
subsistance, et fesant publiquement tous les actes de sa religion.

Le 16 mai, Cavalier eut une
entrevue à Nismes avec le maréchal de Villars lui-même. Il y
renouvela toutes ses demandes.
On convint qu'on en ferait part
à la cour ; qu'en attendant, il
amènerait sa troupe au bourg de
Calvisson, où elle serait nourrie
aux frais du roi; que d'ici au 1er
juin, il recevrait des ordres pour
servir le roi, ou pour sortir

du royaume, et qu'on élargirait les prisonniers détenus pour cause de religion.

Le 19, Cavalier entra dans Calvisson avec sa troupe, et le même jour il tint une grande assemblée, où se rendirent tous les protestans des campagnes voisines ; il y continua depuis l'exercice public de sa religion.

La réponse de la cour arriva bientôt. On accorda la plupart des demandes stipulées par Cavalier dans son traité avec le maréchal de Villars ; mais comme on devait s'y attendre, la liberté de conscience fut refusée. Cette réponse était accompagnée d'un brevet de colonel pour Cavalier, avec la permission de nommer à tous les grades de son régiment qui devait aller servir en Espagne, et d'un autre brevet d'une pension de 1200 livres. Cavalier était alors à Nismes auprès du maréchal; il se rendit de suite à Calvisson pour faire part à sa troupe de la réponse de la cour, et pour lever son régiment.

Depuis qu'il était entré en négociation avec les officiers du roi, il avait toujours fait mystère à ses frères des articles de ses traités, soit avec Lalande, soit avec le maréchal de Villars, ce qui doit faire supposer que ses avantages personnels n'y étaient pas négligés. Telle fut du moins la pensée de sa troupe. Aussi la méfiance s'était emparée des esprits. Quand Cavalier fut de retour à Calvisson, son lieutenant Ravanel qui commandait sa troupe en son absence, lui déclara avec tous les principaux officiers, qu'ils voulaient absolument savoir les conditions du traité. Cavalier s'emporta, et « dit qu'on préparait des habits et qu'il fallait allait servir en Portugal. » A ces mots, Ravanel qui s'était attendu à obtenir la liberté de conscience, l'appela un lâche et un traître. Cavalier entra dans les rangs pour sonder les dispositions des soldats, mais de toutes parts ce cri s'éleva : «point de paix, point de paix, que nous n'ayons nos temples. » Aussitôt Ravanel fait battre la générale, et met sa troupe en mouvement. Cavalier s'efforce en vain de l'arrêter. A la fin les deux chefs Camisards s'emportent, et mettent le pistolet à la main. Le prophète Moïse se mit entre deux; Cavalier fit encore quelques tentatives pour ramener sa troupe, mais elles furent toutes inutiles. Il se retira au bourg de Cardet, et écrivit au maréchal le mauvais succès de son entreprise. Quelques jours auparavant, il avait eu avec Roland une scène pareille. Celui-ci profitant de la suspension d'armes se promenait avec sa troupe dans les Cévennes sans songer à faire sa paix. Cavalier alla à lui, pour l'engager à se soumettre. Roland lui répondit : « qu'il devait mourir de honte de trahir son parti, et que quoiqu'il pût faire, il n'y aurait jamais de paix qu'on n'accordât une entière liberté de conscience. »

La guerre était sur le point de se rallumer. Les nouveaux convertis au désespoir écrivirent une seconde fois au maréchal pour lui réitérer leurs offres de services. Le baron d'Aigaliers se remit en campagne, et décida Roland à entrer en négociation avec le maréchal. Le chef Camisard en obtint des conditions fort avantageuses pour

sa troupe et pour lui, et même
pour tous les protestans du pays :
le premier article du traité por-
taitquelui, Roland, aurait comme
cavalier un régiment qui servirait
hors du royaume, et qu'ils pourraient avoir chacun un ministre;
en outre une amnistie générale
et sans réserve fut accordée; on
promit d'élargir les prisonniers et
de rappeler les exilés; et les in-
demnités de la guerre devaient
être supportées par toute la province, sans qu'on pût les rejeter en
particulier sur les nouveaux convertis.

Le baron d'Aigaliers, Cavalier
et Roland allèrent porter ces conditions à Ravanel retiré sur une

montagne près de Leuziers avec sa troupe et celle de Roland réunies. Mais ce chef plus fanatique que les autres, où peut-être parce qu'il n'avait point de régiment dans le traité, refusa de s'y soumettre. Il avait d'avance indisposé ses soldats contre les négociateurs de la paix. Cavalier poursuivi des noms de lâche et de traître mit son cheval au galop et se sauva à toute bride ; le baron d'Aigaliers fut fort maltraité, et Roland fut enlevé et gardé de force. Le maréchal de Villars perdant tout espoir de faire accepter son amnistie aux rebelles recommença les hostilités ; il se mit lui-même à la tête des troupes, et brûla le lieu de Carnoulet. Roland surpris la nuit dans le château de Prades, eut à peine le temps de se sauver en chemise ; et le maréchal qui se croyait joué par lui, fit mettre sa tête à prix ainsi que celle de Catinat.

Depuis la soumission de Cavalier, plusieurs Camisards avaient suivi son exemple. Ils venaient par petites troupes se rendre aux officiers du roi, et en étaient toujours bien reçus. Cavalier était alors à Nismes où le maréchal de Villars, et les nouveaux convertis lui donnaient tous les jours de nouvelles fêtes. Le 21 juin, il se rendit à Valabrégues, et en partit le lendemain pour le Neuf-Brisach avec une compagnie de cent cinquante hommes choisis parmi les mécontens qui s'étaient rendus. Arrivé à Mâcon, il y laissa sa compagnie, et vint à Versailles conférer avec Chamillard. Le roi voulut le voir. On le fit mettre sur le grand escalier. Le monarque en passant jeta les yeux sur lui, et haussa les épaules. De retour auprès de sa troupe, Cavalier qui craignait quelque trahison, décida ses soldats à échapper à leur escorte, en s'évadant la nuit, et prit avec eux le chemin de Lausanne.

Cependant les enlèvemens et les meurtres avaient recommencé

dans les Cévennes. Les Camisards tenaient de nouveau la campagne. Le baron d'Aigaliers fit un second voyage à la cour pour travailler encore à pacifier la province. Les alliés de leur côté se donnaient beaucoup de mouvement pour venir au secours des révoltés. Ils envoyèrent une petite flotte sur les côtes du Languedoc, avec des troupes de débarquement. La flotte fut dispersée par une tempête, et une des tartanes qui en fesaient partie fut prise par les galères du roi. D'Aigaliers, de retour de son second voyage à Versailles, entama de nouvelles négociations avec Roland; mais elles furent infructueuses. Ce chef se regardait alors comme le seul maître du pays, et ne songeait plus à se rendre. Mais peu de temps après il fut trahi par un homme de sa troupe. Ce traître nommé Malartre, était un jeune homme d'Uzès en qui Roland avait toute confiance. Gagné par cent louis d'or, il donna avis à Deparatte que Roland devait se rendre avec six ou sept de ses officiers au château de Castelnau à trois lieues d'Uzès; c'était le 14 d'août. Aussitôt Deparatte fit partir Lacoste-Badié commandant du second bataillon de charolois avec tout ce qu'il y eut d'officiers bien montés à Uzès, et deux compagnies de dragons de Saint-Cernin.

l'état de la civilisation et les progrès de la raison universelle, ne put cette fois, comme aux époques antérieures, opposer la résistance armée aux violences de la Cour. Les Protestans qui formaient dans les provinces la partie la plus industrieuse et la plus éclairée de la population, et par conséquent la moins propre à une guerre civile, se soumirent aux nouveaux édits où sortirent du royaume. Mais une telle violation de tous les droits antérieurement reconnus ne put s'accomplir sans compromettre bien des intérêts et sans blesser bien des consciences. Cette masse de ressentimens, comprimée pendant plusieurs années, mais jamais éteinte, trouva enfin dans les Cévennes un champ de bataille et leva l'étendard. C'est là en effet que la persécution, ayant à lutter avec le petit peuple des campagnes, rencontra des convictions plus ardentes et des intérêts moins faciles à mobiliser.

A la rigueur, le gentilhomme protestant qui ne voulut pas renoncer à l'exercice de sa religion put emporter dans les pays étrangers le prix du manoir de ses pères ; le négociant emporta ses richesses, l'artisan son industrie ; mais le pauvre peuple ne pouvait emporter ses bœufs ni sa charrue ; on ne va pas en Hollande semer la terre ou garder les troupeaux. Force donc lui fut de se

battre, lorsqu'après lui avoir enlevé ses ministres, on vint encore,
pour cause de religion, lui couper
ses vignes et ses figuiers ou l'envoyer aux galères. Il est à remar-
quer que, dans tout le cours de la
révolte, la noblesse protestante du
pays ne prit aucune part à l'insurrection, et que la bourgeoisie
réformée des villes se contenta de
fournir aux Camisards quelques
secours d'argent et de vivres. Cette
petite armée de paysans, chez
qui, soldats et généraux, tout était
peuple, vit surgir de ses rangs
des caractères et des faits d'armes,
auxquels, pour jeter un grand
éclat, il n'a manqué qu'un plus
grand théâtre.

Comme toutes les guerres civiles, qu'elles aient eu pour cause la politique ou la religion, la guerre des Cévennes finit par une sorte de transaction entre les deux partis. On a pensé généralement que ces moyens de conciliation plutôt employés auraient pu prévenir bien des malheurs; mais peut être ces malheurs étaient inévitables. Dans un pays où trop d'intérêts ont été violentés à la fois, il faut que les haines politiques aient leur cours, et, dans ce cas, ce n'est qu'après avoir combattu que les partis transigent.

A. S.

FIN.

Roland était couché, ses officiers aussi : les troupes investissent le château. Roland réveillé en sursaut, se sauve avec cinq de ses officiers par une porte de derrière. Mais ils sont poursuivis et atteints par les dragons. Roland adossé à un arbre défie le plus hardi d'approcher; tous s'arrêtent; mais un dragon le couche en joue et l'étend mort d'un coup de feu. En voyant leur général sans vie, les cinq officiers camisards ne firent plus de résistance, et se rendirent prisonniers.

Le corps de Roland fut porté en triomphe à Uzès et de là à Nismes, où l'on fit le procès à son cadavre. Il fut traîné sur la claie,

f.

brûlé ensuite, et ses cendres furent jetées au vent. Ses cinq officiers furent condamnés à la roue et exécutés tous ensemble.

Le baron d'Aigaliers dont le zèle était infatigable, essaya alors d'entamer de nouvelles négociations avec les débris de la troupe de Roland; mais peu de temps après, il reçut une récompense peu méritée de ses bonnes intentions et des peines qu'il avait prises. Un ordre de la cour l'exila hors du royaume, et il partit pour Genève, emportant les regrets du maréchal de Villars, et l'estime de tous les gens de bien.

La troupe la plus considérable qui tint encore le pays à cette épo-

que était celle de Ravanel. Atta-
quée à Saint-Bénezet par des forces supérieures, elle se dispersa
en petits pelotons, et depuis il
n'en fut plus question. Les autres
chefs camisards découragés par
la défaite de Ravanel, se hâtèrent
de profiter de l'amnistie que le
maréchal venait de leur offrir de
nouveau : Castanet fit sa soumission le 6 septembre. Catinat et
son lieutenant François Sau-
vayre suivirent son exemple le 19
du même mois. Le 4 octobre,
Joany se rendit à Lalande avec
quarante-six hommes ; et le
9 du même mois les chefs la
Rose, Valette, la Forêt, Salomon, Moulières, Salles, Abra-

ham et Marion en firent de même.

Chacun de ces chefs traita pour son compte aux meilleures conditions possibles. On leur accorda à tous quelque récompense en argent. Les plus modiques furent de deux cents livres; on leur donna de plus des passe-ports pour sortir du royaume et ils furent conduits jusqu'à Genève aux frais du roi.

Dès ce moment, (octobre 1814), on put regarder la guerre des Cévennes comme terminée. Ravanel était le seul chef Camisard qui restât dans le pays ; mais il errait dans les montagnes sans troupe et sans espoir d'en rallier.

Une ordonnance du maréchal de Villars le déclara déchu de toute amnistie et sa tête fut mise à prix. En même temps le maréchal écrivit à la cour pour l'informer de l'entière pacification de la province. Le roi ne tarda pas à le rappeler. Avant de partir il tint les états, qui le comblèrent de présens et d'éloges. Arrivé à la cour, le roi lui dit les choses les plus flatteuses, et pour lui témoigner toute sa satisfaction de sa conduite en Languedoc, l'envoya commander l'armée de la Moselle.

La Hollande et l'Angleterre, qui avaient négligé de tirer parti de l'insurrection des Cévennes

quand le feu était au pays, et quand
leur intervention active pouvait
avoir pour la cour de France les
résultats les plus funestes, songèrent sérieusement à rallumer
l'incendie après qu'il fut éteint.
Mais comme toutes les résolutions prises trop tard, celle des
alliés manqua son but. Des rê-
veurs politiques les encombrèrent
de leurs projets, des chevaliers
d'industrie leur extorquèrent de
l'argent. A la vérité quelques
conspirations furent ourdies dans
les Cévennes, et la plupart des
chefs camisards rentrèrent secrè-
tement en France, mais tous furent découverts et mis à mort ; il
faut compter dans ce nombre Ca-

tinat et Ravanel, brûlés à Nîmes en avril 1705. Ces mauvais commencemens ne découragèrent ni les puissances alliées, ni leurs agens. Depuis cette époque jusqu'en 1711, et même jusqu'à la paix d'Utrecht signée deux ans plus tard, des mouvemens partiels eurent lieu sur divers points du Languedoc; un soulèvement fut tenté dans le Vivarais; et Cavalier, après s'être donné beaucoup de mouvement en Hollande, revint dans le Piémont, où se tramait un projet d'invasion par le Dauphiné; mais toutes ces tentatives n'eurent aucun résultat sérieux, et n'aboutirent qu'à mener à l'échafaud ce qui restait dans le

pays de ces esprits ardens, en
qui les haines survivent dans
toute leur vigueur, lorsqu'après
les commotions politiques la mo-
dération est rentrée dans les masses.

La guerre des Camisards est le
dernier épisode, mais non pas le
moins terrible, de ces longues
et fatales querelles de religion
qui, durant le seizième siècle,
avaient ensanglanté la France.
Quand Louis XIV révoqua l'Édit
de Nantes, la réforme vaincue
comme parti politique par la dé-
fection successive de ses chefs, et
la cession depuis long-temps faite
de ses places de sûreté, affaiblie
comme croyance religieuse par

LA PROTESTANTE,

ou

LES CÉVENNES

AU COMMENCEMENT DU 18e SIÈCLE.

⋘⋙⋘⋙⋘⋙⋘⋙⋘⋙⋘⋙⋘⋙⋘⋙⋘⋙⋘⋙⋘⋙⋘⋙⋘⋙⋘⋙

CHAPITRE PREMIER.

————

> Entends ma voix gémissante,
> Habitant de ce vallon;
> Guide ma marche tremblante
> Dans l'épaisseur du buisson.
> N'est-il pas quelque chaumière,
> Dans le fond de ce réduit,
> Où je vois une lumière
> Percer l'ombre de la nuit?
>
> GOLDSMITH.

Au commencement d'une longue nuit de décembre 17.., deux voyageurs gravissaient en toute hâte la côte escarpée qui conduit au bois de la

T. I.   1

Combe(1), dans les basses Cévennes. La lune n'éclairait point cette course nocturne ; mais d'innombrables étoiles scintillaient sur un ciel bleu foncé, et répandaient une faible clarté. Presque épuisé par la rapidité de sa course, le plus jeune des voyageurs s'arrêta et s'appuyant sur son bâton, il considéra un moment le spectacle qui s'offrait à ses regards. L'obscurité de la nuit ne l'empêchait pas de distinguer la plaine immense qui s'étendait à ses pieds, et les hautes montagnes qui bornaient l'horizon du côté du midi. L'ombre couvrait toutes les masses de ce vaste tableau. Seulement quelques feux

_____

(1) Hameau situé à une lieue au-dessus d'Anduse. En 1703 un combat y fut livré entre les Camisards et les troupes royales.

allumés de distance en distance , brillaient çà et là par intervalle. Un soupir
profond s'échappa du sein du jeune
homme, et il passa sa main sur ses yeux,
comme pour éloigner de sa vue un
aspect qui le blessait, puis se retour-
nant vers la montagne : Allons , dit-il ,
nous sommes presque à la lisière du
bois.

— Que l'esprit saint nous inspire et
nous guide , répondit son compagnon ;
nous avons besoin de son secours pour
trouver notre chemin pendant une
nuit si noire.

— Aman , dit le jeune homme , nous
avons parcouru des routes bien plus
difficiles et avec de plus grands périls ;
le bras tout-puissant qui nous soutenait alors , nous guide encore. Mar-
chons avec courage , nous touchons
au but.

— Nous voici justement, répondit Aman, à l'endroit par lequel nous entrâmes dans le bois, le lendemain du combat de la Salle (1); je reconnaîtrais, entre mille, ce grand chêne, mort depuis long-temps, et qui n'a plus que deux branches qu'il étend comme des bras. Tenez, Sauvalet, cela ressemble aussi à cette croix des missions qu'il y avait devant l'église de Montlezan (2).

— Oui, reprit Sauvalet, mais ce signe d'idolâtrie qui vit couler le sang de nos frères, est tombé, et, si le ciel

---

(1) Lieu voisin d'Alais, ravagé par les Camisards en 1703.

(2) Gros village de Basses-Cévennes, ravagé par la même troupe, à la même époque.

bénit nos efforts, il ne sera pas relevé.

Pendant quelque temps le bruit des
pas des voyageurs, troubla seul ces
profondes solitudes. Le bois, extrême-
ment fourré en certains endroits, offrait de temps en temps quelques es-
paces couverts seulement d'une sorte
de bruyère. Alors on jouissait un moment de l'aspect du ciel, puis il fallait
de nouveau rentrer sous de gros arbres, qui, quoique dépouillés de feuilles, cachaient avec leurs branches,
croisées les unes sur les autres, la faible
clarté des étoiles. Des massifs de buis-
son redoublaient quelquefois la difficulté de cette pénible marche.

— Arrêtons-nous un instant, dit
Sauvalet, je ne me reconnais plus. Il
me semble que nous devrions être arrivés. Voilà bien une heure que nous

avons laissé la grande bruyère à notre droite. Nous avons dépassé les grands houx qui ne croissent qu'à un endroit du bois, et qui sont bien reconnaissables même en hyver. A présent, nous voilà devant des arbres si serrés, qu'ils semblent former un mur devant nous.

— Que l'esprit saint vienne à notre secours, dit Aman, car si nous ne retrouvons pas notre chemin, les loups pourront nous tomber dessus, plutôt encore que les Cadets-de-la-croix (1).

Un triste silence suivit ces paroles.

---

(1) Ces Cadets étaient des catholiques attroupés qui couraient le pays et qui firent de si grands ravages que la cour, après les avoir autorisés, fut obligée de réprimer leur brigandage. Ils dûrent leurs noms à une petite croix blanche qu'ils portaient sur leurs habits.

Bientôt ils furent interrompus par les sons monotones de deux voix humaines qui semblaient psalmodier et se répondre.

— Frère, écoutez, dit Sauvalet en tressaillant, ils sont là, derrière ces arbres. Que bénis soient les saints cantiques qui nous ont indiqué le but que nous cherchions !

En peu de momens, les voyageurs eurent trouvé une issue à travers les arbres ; et ils arrivèrent devant un vaste bâtiment, très-bas et presque entièrement caché par de gros châtaigniers. Aman frappa doucement à la porte.

— Qui vive ? dit une voix de l'intérieur.

— Amis ! Camisards (1), répondit Sau-

---

(1) Voyez la note (A).

valet, amis ! Alte-Fage (1) et David, s'il vous faut le mot d'ordre.

La porte fut ouverte à l'instant ; et les pauvres voyageurs purent approcher d'un bon feu leurs membres engourdis par le froid.

Le vaste appartement où ils se trouvaient en ce moment, avait évidemment été une bergerie. Les murs en étaient grossièrement construits et sans fenêtres. Quelques fentes, pratiquées de distance en distance et remplies de paille, renouvelaient l'air. De grosses pierres et deux bancs mal façonnés servaient de siége ; une table était au milieu. Un grand tas de paille, des provisions assez abondantes, des us-

---

(1) C'est le nom d'une montagne de la Lozère, où les mécontens se donnèrent rendez-vous avant de partir pour l'expédition du pont de Mauvert.

tensiles de cuisine et des armes gissaient dans les coins. A l'extrémité de cet appartement, qui semblait annoncer l'absence du luxe et même des plus simples commodités de la vie, on apercevait, avec surprise, une portière d'étoffe de soie, qui fermait l'entrée d'un second appartement.

Deux hommes seulement occupaient la première pièce quand les nouveaux venus y entrèrent. Tout leur extérieur annonçait une vie dure et mêlée de dangers, mais ne pouvait d'abord faire reconnaître le rang qu'ils occupaient dans la société. Ils portaient l'uniforme des miliciens sur de larges brayes d'étoffe du pays, leurs pieds étaient couverts jusqu'à la cheville de souliers fourrés grossièrement travaillés. Un bonnet plat de laine blanc complétait ce singulier ajustement.

CHAPITRE II.

Les soucis et les ans ,
Sur son front chauve ont marqué leur passage :
Il touche au terme du voyage ,
Ecoutez ses derniers accens.
L'avenir se dévoile aux regards des mourans.

ANONYME.

COMMENT va le comte? dit Sauvalet en entrant, et avec un regard qui annonçait combien il redoutait une mauvaise nouvelle. Celui auquel cette question s'adressait secoua la tête d'un air de tristesse.

— Tenez, dit-il, voilà Lhomond; il vous répondra mieux que moi. Un homme d'un certain âge et d'un extérieur respectable, sortit doucement de derrière la portière.

— Ah ! Monsieur, dit-il à Sauvalet, avec quelle impatience nous vous attendions ! hélas ! j'avais peur que vous ne vinssiez trop tard.

—Est-il donc si mal, dit Sauvalet, qu'il n'y ait aucun espoir ?

— Il s'éteint peu à peu et presque sans douleur. Il sent son état, et il est surtout inquiet pour....

— Lhomond, interrompit une voix douce qui venait de l'intérieur.

— Il est inquiet de m'avoir vu sortir. Il aura entendu le bruit que vous avez fait en entrant, je vais le prévenir de votre arrivée. Sauvalet quitta son manteau, détacha les pistolets qu'il portait à sa ceinture et les posa sur la table. Au bout de quelques minutes, Lhomond revint et lui fit signe de le suivre.

Dans la seconde pièce, moins grande que la première, mais arrangée avec plus de soin et de recherche, un vieillard était couché, et paraissait toucher à sa fin. Sa respiration inégale et précipitée semblait être le dernier effort de la vie. Pourtant son visage était calme, et son regard annonçait que ses facultés morales n'étaient pas encore altérées par les approches de la mort. Une jeune dame, debout à côté du lit, arrangeait les coussins qui soutenaient le malade. Sa contenance était tranquille; mais sa pâleur décelait son inquiétude et sa profonde douleur.

— Enfin, vous voilà, Sauvalet, dit

le comte; quelles nouvelles m'apportez-vous?

— Bonnes, répondit Sauvalet; Cavalier, à la tête de trois cents hommes,
est entré à Sauve (1) jeudi dernier. La
garnison a été complètement abîmée,
les prisonniers qui étaient au château,
sont en liberté; et lorsque, douze
heures après, les troupes sont arrivées
de Nismes, nous avions déjà opéré notre retraite; et de Parate n'a trouvé que
des églises en cendres et les funérailles
de ses soldats à faire. Rolland est toujours dans la Gardonnenque (2), sa

_____

(1) Ville des Basses-Cévennes. Cavalier y entra, par un stratagème aussi hardi qu'ingénieux,
en 1702.

(2) Vallée des Hautes-Cévennes, arrosée par
le Gardon.

troupe grossit; et bientôt j'espère que nous en entendrons parler.

Le comte secoua la tête d'un air de tristesse. Cette guerre, dit-il, entreprise pour une si juste cause, fera peut-être beaucoup de victimes sans amener le succès que nous attendons. Nous n'avons pour nous que le courage qui naît du désespoir; ils ont pour eux le nombre; leurs forces, toujours renaissantes, finiront par nous écraser.

— Comte, répondit Sauvalet, nous avons plus d'un motif d'espérance. Nos frères parlent pour nous à la cour de la reine Anne; des secours sont promis. L'intérêt des Anglais nous répond de leur empressement à nous soutenir. Ils n'ont point oublié qu'ils régnèrent sur une partie de la France; et l'espoir de la reconquérir les engagera à seconder nos efforts.

— Ah! Sauvalet, nous ne serions plus Français, s'écria le comte!...

— Eh! que vous importe! répondit l'ardent jeune homme, les Anglais ne sont-ils pas nos frères, bien plus que des Français, qui, soumis aux ordres d'un tyran, sont devenus nos bourreaux? Oubliez-vous ce que nous avons souffert? c'est la plus légitime défense qui a mis les armes dans nos mains.

— Oui, dit le comte, notre cause est juste, tout est juste dans cette guerre terrible. Sauvalet, j'ai regret pourtant de l'avoir entreprise. Il valait mieux, peut-être, abandonner le sol qui nous a vu naître que d'y porter le fer et le feu. Nous fûmes poussés, il est vrai, à ces extrémités, il n'y avait plus pour nous sûreté nulle part. Alors, il fallut s'armer; le seigneur a béni nos armes. Ces rebelles, qui devaient périr d'un

honteux supplice, ont fait trembler
Basville, et un maréchal de France s'a-
baisse à les combattre. Malgré ces succès inespérés, je n'ose prévoir l'issue
de notre entreprise. Bientôt, je n'aurai plus rien à craindre; mais je trem-
ble pour vous, mes frères. Heureux,
heureux ceux qui périront sur le champ
de bataille et que n'atteindra pas la
main des bourreaux!

— Comte, dit Sauvalet, pourquoi
se laisser aller à ces tristes pressenti-
mens? Le sombre avenir nous est inconnu. Profitons des chances favo-
rables du présent; c'est là le but principal de mon voyage. Ce lieu-ci n'est
plus sûr, la plaine est occupée. Il faut
qu'on vous transporte dans la montagne. Tâchez de reprendre un peu de
force. Après-demain, je reviendrai
avec une escorte, et nous pourrons

tenter le passage dangereux du val de Peyre, afin d'aller directement aux Aires (1).

Le comte secoua la tête d'un air de doute. Sauvalet passa la main sur son front et demeura un moment pensif.

— L'avenir n'appartient à personne, dit-il; demain une expédition périlleuse se prépare pour moi. Je vous quitterai au point du jour pour retourner aux environs de Quissac (2). Là, trente hommes déterminés m'attendent. Paulet est déjà à leur tête. Il s'agit de délivrer Osias et quelques autres que l'on transfère de Saint - Hippolyte à Nismes.

---

(1) Bourg des Hautes-Cévennes.

(2) Bourg sur le Vidourle.

— Sauvalet, dit le comte en lui serrant la main, que ne puis-je vous seconder!...

Il s'arrêta, épuisé par l'effort qu'il avait fait pour soutenir cette conversation. Sauvalet pressa la main défaillante qui tenait la sienne.

— Je vous quitte, dit-il, vous avez besoin de repos; et moi-même, je n'ai pas de temps à perdre si je veux dormir quelques heures cette nuit.

En finissant ces mots, il s'inclina respectueusement devant la jeune dame.

— Sauvalet, dit le comte, au moment où il allait sortir, prenez avec vous les deux hommes qui étaient restés ici; ce sont des gens de cœur, ils pourront vous être utiles; moi, je n'en ai pas besoin. Si l'on découvrait notre retraite, ils ne pourraient nous défendre, et je ne veux pas les faire tuer pour rien.

Sauvalet combattit vivement cette proposition ; car il n'osait se flatter de retrouver le comte encore vivant ; et il n'aurait point voulu que mademoiselle de Mauléon et Lhomond demeurassent seuls pendant ces terribles momens. Il fallut pourtant céder aux instances réitérées du comte.

— Je vois, dit-il, ce qui vous occupe, ce que vous craignez, mais soyez tranquille, vous me retrouverez encore après-demain. Il me reste beaucoup à vous dire, Sauvalet ; nous nous parlerons encore une fois.

Un peu avant le jour, Sauvalet quitta le tas de feuilles sèches sur lequel il avait dormi, enveloppé de son manteau. Il s'approcha doucement de la chambre du comte. Un profond silence y avait régné toute la nuit. Lhomond était debout près du lit. Il fit, en apercevant Sauvalet, un signe qui voulait dire : Cela ne va pas plus mal. Il dort, pensa Sauvalet, en laissant retomber la portière ; allons, demain peut-être nous pourront l'emmener. Qui sait s'il n'a pas plus long-temps à vivre que moi? La mort frappe aussi sûrement sur un champ de bataille que sur le lit d'un malade.

Peu de momens après il prit avec son escorte la route de Quissac.

CHAPITRE III.

La mort a des rigueurs à nulle autre pareilles,
On a beau la prier ;
La cruelle qu'elle est se bouche les oreilles
Et nous laisse crier.

MALHERBE.

La triste journée qui suivit le départ de Sauvalet, s'écoula dans des souffrances toujours croissantes. Le soir vint.

— Lhomond, dit le comte Hugues,

au vieux serviteur, qui pleurait au pied de son lit, c'en est fait, tout est fini pour moi. Il faut bien employer les derniers momens qui me restent. Où est Elisabeth?

— Ici, mon père, ici près de vous, dit la jeune fille, en fondant en larmes.

Le comte la considéra un instant avec des regards qui peignaient sa tendresse et sa profonde douleur.

— Elisabeth, dit-il, je vais te quitter, il faut du courage pour se soumettre à cette dernière séparation. Tu vas demeurer seule, sans appui, entourée de dangers, au milieu d'une patrie qui te bannit et te rejette. Elisabeth, ta piété filiale a consolé les dernières années de ma vie, elle console aussi mes derniers momens. Elle t'a fait braver les dangers et les horreurs d'une guerre civile. Mais, bientôt tous les devoirs qui te retiennent dans ce malheureux pays, auront été remplis. Mon désir le plus ardent est que tu t'en éloignes pour toujours. Va chercher en Angleterre une nouvelle patrie. Tu y trouveras la plus grande partie de notre immense fortune. Ma fille, je n'ai pas besoin de te dire de la partager avec nos frères malheureux et exilés comme nous. Accueille et protège leur misère. Lhomond, ajouta-t-il avec effort, je te recommande Elisabeth. Je fus toujours un bon maître; prouve-moi ta reconnaissance en t'attachant à mon enfant. Nous sommes errans, proscrits, et je le sens, dans ces derniers momens, la distinction des rangs disparaît; tu deviens mon égal et mon ami...

Des larmes interrompirent ces paroles du mourant. Le fidèle serviteur, à genoux près de son maître, promit de protéger, au péril de sa vie, le dépôt qui lui était confié. Elisabeth ne put répondre que par ses pleurs.

— C'est demain que viendra Sauvalet, dit le comte; demain il ne sera plus temps. J'emporte le regret de ne l'avoir pas vu encore une fois; il aurait écouté mes conseils, il aurait cru mes dernières paroles. Ma fille, tu partiras avec lui, tu te retrouveras parmi nos frères. Parle-leur quelquefois de moi; qu'ils n'oublient pas celui qui fut leur chef. Que le ciel protége leurs efforts; mais qu'ils épargnent le sang innocent, c'est mon dernier vœu.

Le mourant cessa de parler. Un peu de feu et une seule lampe éclairaient cette scène de deuil. Lhomond prit et lut à demi-voix un livre de psaumes, tandis qu'Elisabeth, assise près du lit de son aïeul, s'abandonnait à la plus vive douleur. Vers le matin, ces cruelles agitations cessèrent. Le comte Hugues passa d'un assoupissement léthargique à la mort. Elisabeth, succombant à la fatigue de plusieurs nuits passées dans l'inquiétude et la douleur, s'était endormie à côté du lit où son grand-père expirait; mais ce pénible sommeil semblait troublé par des rêves affreux.

Tout à coup un bruit léger se fit entendre; Lhomond tressaillit et se leva à-demi. Puis, n'entendant plus rien : Que pouvons-nous craindre maintenant? dit-il, en regardant son maître; et si nous avons quelque chose à craindre, qui pourrait nous défendre? Le même bruit se renouvela au bout de quelques minutes, mais plus fort et plus distinct; Lhomond tourna la tête :

la portière était soulevée, et quelques hommes étaient arrêtés sur le seuil de la porte; derrière eux on distinguait des chapeaux d'uniforme et une forêt de baïonnettes.

Ils viennent trop tard, pensa Lhomond, avec un sentiment qui ressemblait presque à la joie; puis jetant les yeux sur sa jeune maîtresse, il vit tout ce que leur position avait d'affreux.

L'officier, qui commandait la troupe, était demeuré immobile à l'aspect du tableau singulier et terrible qui s'offrait à ses regards. Lhomond, debout, près du lit, avait les yeux fixés sur son maître; près de lui, et la tête appuyée sur le lit, Elisabeth dormait encore. Son visage, d'une beauté remarquable, était couvert d'une affreuse pâleur, que faisaient ressortir encore ses cheveux et ses vêtemens noirs, et ses longs cils qui ombrageaient ses yeux à demi-fermés. On eût douté que ce beau corps fût encore animé par la vie.

— Capitaine Poul, dit un homme d'un âge mûr, à figure basse et hideuse, morts ou vifs, voilà toujours trois prisonniers.

Alors Poul s'avança. Je vous arrête, dit-il, je vous arrête au nom du roi. Tous ceux qui sont dans cette chambre sont mes prisonniers.

A ces mots, au bruit que fit la troupe en entrant, Elisabeth s'éveilla. Ses yeux égarés se fixèrent d'abord sur les soldats, puis sur le lit de son grand-père ; elle voulut faire un effort pour se lever, mais elle retomba sans mouvement et sans vie.

— En voilà un de moins à emmener, dit le lieutenant, notre capture se réduit furieusement.

— Paix, répliqua le capitaine Poul
d'un air sévère, que chacun pense à
faire son devoir, et point de commen-
taires. Relevez cette jeune dame, et
mettez-la à l'air. Quant à celui-ci, ce
que nous avons de mieux à faire, c'est
de le laisser tranquille, il n'a plus besoin de rien.

— Celui-ci, dit Lhomond, est le
comte Hugues de Mauléon. Vous ne
refuserez pas, à son vieux serviteur, la
permission de l'ensevelir. Après, je
serai prêt à vous suivre.

— A quoi bon? dit le lieutenant,
perdre notre temps à voir mettre en
terre ce damné d'hérétique. Crois-tu
que, parce qu'il aura quelques pierres
sur le corps, sa chienne d'ame en
brûlera moins en enfer.

— Paix, encore une fois, dit le capitaine, je n'aime pas qu'on fasse des

remarques avant que j'aie donné mes
ordres, et moins encore quand ils ont
été entendus. Qu'un détachement de
quatre hommes aille creuser une fosse
sous le premier arbre qu'on rencon-
trera. Caporal, surveillez cela.

Lhomond enveloppa le corps de son
maître d'une couverture ; ses mains
tremblantes avaient peine à remplir ce
dernier devoir, et des larmes coulaient
le long de ses joues.

—Allons, allons, dit un soldat, dé-
pêche-toi de traîner dehors cette vieille
carcasse. Que fais-tu là, à te lamenter
sur ce corps sans ame? Les huguenots
n'en ont point, ni avant ni après
leur mort.

— André, dit un autre, tu n'es
pas fort pour le raisonnement. Qu'est-
ce donc qui brûle maintenant en enfer, si ce n'est l'ame damnée du

comte Hugues ; car son corps le voilà ;
et à moins que le diable ne vienne le
chercher, il y restera.

— Tais-toi, reprit André, je ne suis
pas savant, mais je n'aime pas qu'on
parle du diable, dans une chambre
où il y a un mort.

Poltron ! dit un troisième interlo-
cuteur, je savais bien que tu avais
peur des vivans, surtout quand ils
ont d'autres armes à te montrer que
leurs poings, mais j'ignorais que tu
eusses peur d'un corps qui ne pourrait pas même lever sa main pour te
donner un soufflet. Allons, vieux barbet (1), je vais t'aider pour finir ta beso-

_____

(1) Nom qu'on donnait aux révoltés au commencement de la guerre.

gne; car je vois que tu ne peux pas
aller tout seul : allons, place, vous
autres.

Lhomond souleva le corps de son
maître, et aidé du soldat, il se mit
en devoir de le transporter à sa dernière demeure. La troupe se rangea
pour les laisser passer; mais un groupe de
plusieurs personnes obstruait la porte.

Place, place, cria-t-on de toutes
parts.

Rangez-vous, dit Poul, qui soutenait Élisabeth, toujours évanouie, et
couchée sur le seuil de la porte. Alors
la soulevant dans ses bras, il la déposa
un peu plus loin.

Lhomond tourna la tête de ce côté.
La voilà entre les mains de ses bourreaux, pensa-t-il, j'aimerais mieux la
voir là, morte comme mon vieux
maître.

La fosse était déjà creusée sous un gros chataignier, qui courbait jusqu'à terre ses branches dépouillées. Le corps y fut déposé et recouvert de terre et de branches sèches.

Lorsque tout fut fini : Viens-ça, mon vieux, dit le lieutenant en s'approchant de Lhomond, tu n'as plus que faire de tes mains, il faut que je les attache. Va, tu peux te vanter que la dernière besogne qui les aura occupées en ce monde, a été diablement gaie.

— Toute la troupe se mit à rire en entendant cette grossière plaisanterie.

Le lieutenant poussa Lhomond. Allons, marche, dit-il, je veux voir la bonne grâce que tu auras tantôt à cheval. Tu as un faux air de prédicant. Nous te mettrons une robe, pour te faire

entrer à Nîmes avec tous les honneurs
de la guerre.

Allons, le capitaine doit être impa-
tient de partir; il n'ose faire sonner le
boute-selle, c'est bien vu. Les barbets
aussi pourraient se rendre à l'appel; et
ce n'est pas dans ce bois qu'il ferait
bon les avoir sur les bras.

CHAPITRE IV.

Vainement ton courage
Voudrait reconquérir ce dépôt précieux :
Le lâche s'enfuit , et sa rage
Saura le cacher à tes yeux.

ANONYME.

En peu de momens, tout fut disposé pour le départ. Élisabeth avait repris connaissance; mais ses yeux égarés ne voyaient pas ce qui l'entourait. Elle essaya pourtant de se lever, quand on lui en donna l'ordre; mais elle ne put faire un pas, et retomba sans mouvement.

— Nous trouverons nos chevaux à la lisière du bois, dit le capitaine; mais d'ici là, il faut porter cette jeune dame. Il s'agit d'avoir un brancard; une couverture et cette vieille échelle feront l'affaire. Quatre hommes se relayeront; et dans deux heures nous serons à St.-Martin (1).

— Si nous avions affaire à quelque vieille sorcière camisarde, murmura le lieutenant, on n'y ferait pas tant de façons, on l'aurait pendue au premier arbre, pour ne pas avoir la peine de

---

(1) Il y a plusieurs villages de ce nom dans les Cévennes. Celui dont il est ici question est situé à une lieue environ S. d'Anduse.

l'emmener. Mais à tout seigneur, tout honneur. La fille du comte Hugues doit passer entre les mains de monseigneur de Basville.

La troupe se mit en marche, avec tout l'ordre que pouvait permettre le chemin non frayé qu'elle parcourait. Élisabeth était placée au centre, le capitaine Poul marchait à côté d'elle, et Lhomond, les mains liées derrière le dos, les suivait. A la lisière du bois, on trouva des chevaux.

—Cette jeune dame, dit le capitaine, est hors d'état de se tenir seule à cheval. Avance, André, on va la mettre en croupe derrière toi. Il faut aussi que quelqu'un donne la moitié de son cheval à l'autre prisonnier. Toi, Galex, qui n'as pas peur des hérétiques, puisque tu as aidé à ensevelir le comte, allons, prends avec toi ce barbet.

On plaça Élisabeth à côté d'André ; et de peur qu'elle se laissât tomber, on eut la précaution de l'attacher à son compagnon de voyage. Un mouvement machinal lui avait pourtant fait saisir avec force le bras qui la soutenait.

—Prends garde, André, dit le lieutenant d'un air moqueur, malgré toute ton aversion pour les morts, j'ai bien peur que tu ne sois bientôt obligé de faire route avec un cadavre attaché à ta ceinture.

—Allons, en selle, dit le capitaine en montant lui-même à cheval.

Élisabeth et Lhomond furent placés au centre de la troupe. Les cavaliers passaient devant eux le sabre nu sur l'épaule; l'infanterie fermait la marche, la baïonnette au bout du fusil, et prête à se défendre, au moindre signal de danger. Il y avait en tout environ soixante hommes.

Le chemin étroit et creux, tournait autour d'une colline assez élevée, et pénétrait dans la plaine en suivant un petit vallon rempli de broussailles.

On avait d'abord commencé à marcher en bon ordre et avec précaution. Mais, peu à peu, les craintes s'étaient dissipées, et les soldats allaient avec sécurité à quelque distance les uns des autres, chacun s'arrangeant selon son caprice ou sa commodité. On approchait du dernier défilé qui aboutissait à la plaine, déjà l'on apercevait le clocher du village de St.-Martin. D'énormes rochers s'élevaient de chaque côté de l'étroit sentier. Un torrent rapide, mais peu profond, murmurait au fond du vallon.

— Il me tarde d'être hors d'ici, dit

André, ces rochers me pèsent sur les épaules....

A peine ces mots étaient-ils achevés, qu'une douzaine de coups de fusil partirent à la fois.

—Bravo, c'est visé juste, dit le capitaine Poul, en portant la main à son chapeau qui venait d'être traversé par une balle. Un soldat qui était près de lui tomba et roula dans le ravin. D'autres furent dangereusement blessés.

A cette attaque imprévue, aux cris répétés de camisards, tue ! tue ! une horrible confusion se mit parmi la troupe. Des coups de fusil continuaient à porter le désordre et la mort ; mais aucun ennemi ne se montrait : retranchés derrière les rochers, ces assaillans invisibles se battaient sans danger.

— Hors d'ici, en avant, dit le capitaine ; ce qu'il y a de mieux à faire,

c'est de sortir le plutôt possible de cet
infernal défilé. Tant pis pour ceux
qui tomberont : en avant, en avant
les cavaliers!

Les chevaux avançaient avec peine
dans la route étroite et pierreuse.
Alors une vingtaine d'hommes parurent sur les bords du chemin ; la
plupart portaient l'uniforme des miliciens. Parmi eux on distinguait un
prédicant, vêtu de sa longue robe
noire.

André, dit le capitaine Poul, on va
se battre. Tu as un bon cheval, je te
casse la tête d'un coup de pistolet, si
tu ne le mets au galop, et si tu ne con-
duis pas la prisonnière dans la plaine.
Cache-la bien sous ton manteau. Je
vais leur tailler de la besogne, et leur
laisser prendre le vieux pour te donner
du temps.

André comprit qu'il y allait de la vie; piquant des deux, il se laissa emporter par son cheval, et fut bientôt en sûreté, tandis que les camisards dirigeaient leurs attaques sur le groupe au centre duquel était placé Lhomond.

Pendant un quart d'heure on se battit presque corps-à-corps. Enfin, Poul atteignit l'entrée de la plaine. Alors se voyant à découvert, il rassembla sa troupe et se mit à fuir, sans s'embarrasser des morts, des blessés et de Lhomond qui était resté parmi eux.

En moins d'une heure, il arriva au mas de Sardan, avec les débris de sa troupe.

Les portes et les fenêtres de cette habitation rustique étaient parfaitement fermées, et on aurait pu douter qu'aucun être animé y demeurât, si, de temps en temps, on n'avait entendu les bêlemens plaintifs des bestiaux renfermés dans l'écurie.

Poul frappa d'abord à la porte principale sans obtenir une réponse. Enfin, une figure que l'on reconnut pour celle d'André, parut à une lucarne.

— Où es-tu, coquin? s'écria Poul, qu'as-tu fait de la prisonnière? viens ouvrir cette porte, ou de par Dieu et le roi, je te fais jeter par terre.

— Capitaine, dit André, il a fallu faire d'abord une reconnaissance, pour s'assurer que nous avions à faire à des amis; car la garnison n'est pas forte et....

— Descends, viens m'ouvrir, bavard en diable, s'écria Poul, en frappant la terre de son petit fusil.

Enfin les verroux furent tirés, et

le capitaine, suivi de quelques soldats, pénétra dans la ferme. Tout s'y
ressentait de la confusion qu'avait oc-
casionnée la crainte des camisards.
Quelques paysans, armés de vieux sabres et d'espingoles rouillées, étaient
retranchés dans la première chambre;
dans une espèce de cellier situé au fond
de la maison, on avait caché les femmes.

—Où est mademoiselle de Mauléon?
dit Poul.

— Ici, capitaine, répondit André,
en montrant le cellier; mais je crois
qu'il est impossible de la mener plus
loin.

En effet, Élisabeth assise sur une
vieille chaise et soutenue par deux
femmes, semblait plongée dans une sorte d'anéantissement. Ses joues étaient
couvertes d'une pâleur mortelle; et

elle paraissait n'entendre aucune des questions qu'on lui adressait.

— Il faut pourtant bien qu'elle arrive après demain à Nîmes, dit Poul; couchez-la dans votre meilleur lit et donnez-lui du vin chaud. Qu'y a-t-il ici ? ajouta-t-il, en se tournant vers les paysans.

— Oh ! personne, mon bon monsieur, dit le plus âgé; ils savent qui nous sommes et ne viendront pas ici pour se cacher, à coup sûr.

— Imbécile, dit Poul, je demande ce qu'il y a dans la cuisine, dans le garde-manger et dans la cave.

— Oh ! rien, rien, monsieur l'officier, s'écria le paysan, nous sommes de pauvres gens, et les cadets-de-la-croix ont passé ici il y a trois jours.

— Marche devant moi, répondit Poul, je veux tout visiter. En tous

cas nous ne poûvons manquer de dîner : il y a de la viande fraîche dans la
bergerie.

— Saint nom de Jésus! dit le paysan en levant les mains vers le ciel,
trois brebis pleines et un bélier que
nous avons depuis dix ans, et dont
la chair sera aussi dure que les cornes.

Malgré le passage des cadets-de-la-
croix, on trouva encore quelques jam-
bons dans la cave, et une demi-dou-
zaine de ces grands pains, dont un
seul suffirait pour rassasier quatre
hommes.

Lieutenant, dit Poul, en s'avançant
vers la première cour où était restée
une partie de la troupe, allez dîner
où vous pourrez, nous n'avons de
vivres ici que pour une vingtaine
d'hommes; il vous faudra mettre votre couvert un peu plus loin. Voyez

s'il y a quelque chose à cette grande ferme où nous nous arrêtâmes avant-hier. Nous vous rejoindrons dans deux heures; attendez-nous. Bon appétit!

— Au diable le souhait! dit le lieutenant, c'est une marchandise dont nous avons toujours de reste. Allons, enfans, il n'y a rien à manger ici, allons chercher un peu plus loin.

Nous n'entrerons pas dans le détail de ces deux repas où les soldats dévorèrent en un seul jour ce qui eût fait vivre pendant six mois les pauvres paysans chez lesquels ils étaient tombés. Deux heures après, les deux troupes se rejoignirent sur la route de Nîmes, où elles arrivèrent le surlendemain à six heures du soir.

———

CHAPITRE V.

> L'intolérance est fille des faux dieux.
>
> BÉRANGER.

AVANT de poursuivre cette histoire, il est nécessaire de donner une idée des causes qui avaient préparé et amené la révolte des protestans des Cévennes

et du Haut-Languedoc. Depuis long-
temps le chancelier Letellier et le ministre Louvois travaillaient à la ruine
entière de la religion réformée dans
le royaume de France. Louis XIV, sé-
duit par l'idée d'écraser une secte qui
avait donné tant d'inquiétude à ses
prédécesseurs, autorisa les mesures les
plus odieuses. La violence et l'argent
furent les deux moyens qu'on em-
ploya. Quelques protestans abjurèrent
par faiblesse ou par intérêt; le plus
grand nombre quitta la France et alla
porter chez l'étranger ses richesses et
son industrie. Les ordres de la cour
devenaient de jour en jour plus sévères. Enfin, au mois d'octobre 1685,
l'édit de Nantes, qu'on avait si souvent
violé, fut entièrement révoqué. Cet
édit, donné par Henri IV, assurait aux

protestans le libre exercice de leur religion. Tombé en désuétude depuis bien
des années, il n'était plus qu'un vain si-
mulacre qu'on détruisit pour porter le
dernier coup à la réforme. Les persécutions continuèrent avec plus d'acharnement. Bientôt on ne vit plus dans le Bas-
Languedoc que des catholiques et un
petit nombre de nouveaux convertis. Les
protestans avaient cherché un asile en
Allemagne, en Angleterre, en Hollande,
et y avaient trouvé secours et protection.

Les Cévennes , seules, montagnes
presque inaccessibles, renfermaient encore beaucoup de réformés. Le comte
Hugues de Mauléon, homme riche et
attaché à sa religion et à son pays,
y chercha un asile. Dans ce coin re-
culé du monde, au milieu de ses vastes
possessions , il se crut en sûreté et
résolut d'y demeurer jusqu'au moment

où les événemens amèneraient un meilleur état de choses.

Cependant la mort du marquis de Louvois, arrivée en 1691, la guerre que Louis XIV soutenait contre presque toute l'Europe, permirent aux protestans de respirer un moment. On n'osait se réunir dans les temples; mais quelques assemblées se formaient de temps en temps chez les particuliers. Les prédicans annonçaient un meilleur avenir à leur église persécutée.

Tout à coup au milieu des malheurs d'une guerre désastreuse et de la misère qui désolait la France, la cour se souvint des protestans. Le roi, poussé par un jésuite, son confesseur, donna contre eux les ordres les plus sévères. M. de Basville, intendant du Languedoc, les mit à exécution dans toute leur rigueur. L'abbé du Cayla, inspecteur des missions des Cévennes, le secondait dans cette entreprise. Les prisons et les galères furent encombrées de protestans. On les pendait, on les brûlait sous le moindre prétexte et sur de simples soupçons. Plusieurs souffrirent le martyre avec une constance inouie, et qui redoubla le zèle de ceux qui, réfugiés dans les montagnes, osèrent concevoir le projet d'un soulèvement général. L'occasion semblait favorable, le roi était vieux, la France épuisée d'hommes et d'argent, la réforme triomphait en Angleterre, d'où l'on espérait tirer de puissans secours.

Un événement imprévu fut le motif et le signal de l'insurrection.

L'abbé du Cayla avait découvert par ses espions que deux familles protestantes et nobles se disposaient à quitter la France pour passer à Genève. Ces émigrations étaient défendues et sévèrement punies ; mais, on se flattait d'échapper par des chemins difficiles et détournés. Un homme nommé Massip, avait déjà fait ce voyage, et devait servir de guide. L'abbé du Cayla, averti de la marche de cette petite troupe, s'en saisit aisément et la conduisit au bourg du Pont-de-Montvert(1). L'intendant envoya un subdélégué pour instruire l'affaire, et le procès se poursuivait avec chaleur.

L'abbé était connu pour sa cruauté. On ne douta pas que tous ceux qui étaient entre ses mains ne mourussent du dernier supplice.

_____

(1) Bourg des Hautes-Cévennes, où commença l'insurrection en juillet 1702.

Une assemblée fut convoquée pour le dimanche, 23 juillet, sur la montagne du Bougés. Là, trois prédicans, Esprit Séguier, Salomon Couder et Abraham Mazel, parlèrent d'une manière si touchante sur le sort de ces victimes et sur les malheurs de l'église, que tout l'auditoire fondit en larmes.

« Mes frères, s'écria Mazel, l'esprit-saint me parle, il me dit : Depuis long-temps l'heure de la persécution est venue, de saints martyrs ont répandu leur sang, et ceux que j'aime sont demeurés oisifs. Ignorent-ils que mes inspirations donnent la force? David vainquit le géant Goliath. Vous aurez le bras de Samson et vos mains emporteront les portes de Gaza sur la montagne. Levez-vous et marchez, car celui qui marche en mon nom sera victorieux. »

Ces mots entraînèrent la multitude.
Un rendez-vous fut donné pour le
lendemain au soir, à l'entrée d'un
bois, situé au plus haut sommet de la
montagne de Bougés, et nommé dans
le pays, Alte-Fage.

Il était environ neuf heures du soir,
lorsqu'une quarantaine d'hommes arrivèrent au bourg, ils traversèrent le
pont sans obstacle. Alors l'air retentit
du chant d'un psaume et de cris re-
doublés qui défendaient de se mettre
aux fenêtres sous peine de la vie.

Ce chant et ces cris parvinrent
bientôt aux oreilles de l'abbé du Cayla.
Il ordonna à ses domestiques de s'armer, et à quelques soldats commis à
la garde des prisonniers, d'aller faire
main-basse sur cet attroupement. Mais
pendant ce temps la maison fut investie, et on entendit de toute part des

voix qui réclamaient la liberté des prisonniers.

L'abbé leur répondit par une dé-
charge de toutes ses armes à feu. Un
homme fut tué. Alors la fureur des
protestans ne connut plus de bornes.
Ils commencèrent à enfoncer la porte
à coups de hache et avec le secours
d'une grosse poutre qu'on avait trou-
vée près de là.

L'abbé connut enfin le danger où il
était. Il courut de chambre en chambre
comme un homme qui a perdu la tête,
et fut ensuite se renfermer dans une
chambre voûtée, au second étage. Il
s'y barricada, aidé de quelques domestiques.

Cependant on courait aux cachots
pour délivrer les prisonniers. Ces malheureux, défigurés par les tortures,
pouvaient à peine se soutenir sans

appui. A cet aspect, la soif de la vengeance anima les protestans; ils entassèrent dans une salle basse les bancs de la chapelle, tout le bois que l'on put ramasser, les paillasses sur lesquelles les soldats couchaient, et on y mit le feu. En peu de temps l'incendie se communiqua à toute la maison, et atteignit l'abbé dans sa retraite. Alors, ne voyant pas d'autre voie de salut, il fait une corde avec un des draps de son lit, et l'attache à une fenêtre qui donnait sur le jardin. L'entreprise était périlleuse, surtout pour un homme troublé par la peur. Il glissa pourtant jusqu'au premier étage; mais là les bras lui manquèrent, et il se laissa tomber. Alors les assaillans se précipitèrent sur lui et le garrotèrent. On lui reprocha les violences qu'il avait exercées contre les malheureux protestans.

—Il est temps, dit l'un d'eux, de les expier par la mort, par une mort terrible; quelque cruelle qu'elle soit, elle n'approchera pas de celle que tes cruautés ont méritée.

L'abbé demanda la vie, avec cette bassesse que la crainte de la mort inspire aux ames lâches. On lui répondit en le perçant de mille coups.

Après un acte pareil, le dé était jeté, il fallait poursuivre l'entreprise et périr les armes à la main, plutôt que de se rendre. Les protestans se retirèrent dans les hautes montagnes des Cévennes, pour s'organiser et préparer les moyens de résister à leurs ennemis.

Le comte de Mauléon, l'homme le plus considéré et le plus riche de ces contrées, venait de voir son château pillé et brûlé; ce n'était qu'avec beaucoup de peine qu'il était parvenu à s'échapper avec sa famille. Il était encore dans les montagnes, où il attendait une occasion favorable pour sortir de France. A la nouvelle de ce qui venait de se passer, il joignit les insurgés. Quelques gentilshommes protestans suivirent cet exemple.

Le comte Hugues, à la tête d'un corps nombreux, osa tout espérer. Il conçut le projet de soumettre le Languedoc, et de forcer le roi de France à une paix honorable, dont la clause principale serait le libre exercice en France de la religion réformée.

Les commencemens de la guerre furent funestes au comte. Le même jour et sur le même champ de bataille, il perdit ses deux petits-fils. Ils étaient, avec Elisabeth, tout ce qui restait de la famille des Mauléon. Le vieux comte fut accablé par cette perte

cruelle. L'âge et le chagrin lui causèrent
une maladie, qui l'empêcha de prendre
une part active à la guerre ; alors l'insurrection prit un autre caractère.
Deux chefs principaux parurent à la
tête des camisards; c'était David Cavalier et Roland de la Porte. Le premier, jeune, intrépide, doué du sang-
froid et de cette présence d'esprit qui
sont les qualités les plus nécessaires
pour le commandement. Le second,
plus âgé, brave comme Cavalier, mais
dévoré d'un sombre fanatisme. Plusieurs chefs subalternes obéissaient à
ces deux chefs principaux. Ceux qui
avaient quelque éloquence et une imagination exaltée, s'érigèrent en prédicans et en prophètes ; les femmes aussi
exercèrent une puissante influence sur
les Camisards; elles les suivaient sur les
champs de bataille, et soignaient leurs

blessures. Plusieurs disaient avoir des inspirations auxquelles les chefs obéissaient souvent.

A l'époque où commence cette histoire, on se battait depuis dix-huit mois, tantôt sur un point, tantôt sur un autre, sans obtenir d'aucun côté un succès décisif. Chaque jour était marqué par le supplice de quelque protestant et par de sanglantes représailles de la part des révoltés. Le peuple avait donné à ces derniers le nom de camisards, qui signifie en langue du pays : gens qui font des attaques nocturnes et imprévues.

———

CHAPITRE VI.

———

. . , ... excité d'un désir curieux,
Cette nuit, je l'ai vue arriver en ces lieux :
Pâle, levant au ciel ses yeux mouillés de larmes,
Qui brillaient au travers des flambeaux et des armes.

RACINE.

IL est temps maintenant de reprendre le fil de notre histoire. Lorsqu'Elisabeth reprit ses sens, elle ne retrouva
qu'un souvenir confus des événemens

qui venaient de se passer. D'abord elle
referma ses yeux, comme pour rentrer
dans l'état d'anéantissement dont elle
venait de sortir. Peu après ses idées devinrent plus distinctes, et elle essaya de
se soulever en regardant autour d'elle.
Les rideaux de son lit étaient à demi-
fermés ; mais elle pouvait distinguer
une chambre meublée avec recherche
et tapissée de soie gros-bleu ; en face
des fenêtres était une belle cheminée
couverte de porcelaines. Deux femmes
causaient à voix basse dans un coin de
l'appartement.

Peu de momens après, on souleva le
rideau de soie qui cachait la porte, et
une dame entra. Elle était vêtue d'une
robe de satin noir, un grand fichu de
gaze couvrait sa gorge, un collier de
perles entourait son cou et complétait

ce simple ajustement. Mais ce qui frappait d'admiration , c'était l'extrême beauté de celle qui le portait, c'était ses cheveux blonds relevés en grosses boucles autour de sa tête, c'était la nonchalance pleine de grâce qui accompagnait tous ses mouvemens. Elisabeth avança la main pour entr'ouvrir ses rideaux. Alors la dame et les deux suivantes s'approchèrent.

— Madame, dit Elisabeth, où suis-je? à qui dois-je la généreuse bonté avec laquelle je suis traitée? Un grand malheur m'a conduite ici, y suis-je prisonnière?..... Des pleurs retenus avec effort inondèrent ses joues.

— Vous avez tort de vous affliger, répondit la dame, vous êtes bien mieux ici qu'avec ces misérables rebelles, parmi lesquels vous viviez. On ne veut point vous traiter avec rigueur, et il ne tiendra qu'à vous de reprendre votre nom, votre rang et votre fortune.

—Mon nom, dit Élisabeth avec douceur, personne ne peut me l'ôter ; mon rang est attaché à ce nom. Quant à ma fortune, je regrette peu ce que j'en ai perdu. Mais, Madame, daignez répondre à mes questions. Qui êtes-vous ? où suis-je ?

—Je crains de vous faire trembler, dit la dame en souriant. Pourtant, ajouta-t-elle après une petite pause, il faut que je vous satisfasse. Je me nomme la comtesse de Brasci ; je suis la fille de M. de Basville ; et vous êtes à Nîmes, dans l'hôtel de l'intendance.

A ces mots, soit qu'Élisabeth, à peine revenue d'une crise dangereuse, fût trop faible pour soutenir un entretien si long, soit que sa terreur fût excessive en apprenant qu'elle était entre les mains de l'homme sanguinaire qui avait exercé tant de cruautés contre les Protestans, elle se trouva mal.

Madame de Brasci la laissa aux soins de ses femmes. Un torrent de larmes soulagea l'infortunée. Peu à peu la fièvre se calma, et elle fut en état de se lever au bout de quelques jours.

Un matin, madame de Brasci entra dans la chambre d'Elisabeth; deux femmes, chargées d'une corbeille, la suivaient.

—Vous allez, dit-elle, quitter ces vêtemens de malade et faire un peu de toilette; M. de Basville vous recevra à midi. Elisabeth se leva et examina en silence les robes qu'on lui offrait.

—Je vous remercie, dit-elle en prenant une robe de soie noire qui était au fond de la corbeille, je vous remercie de tant de soins et de bonté; mais il

6

n'y a là qu'un seul vêtement qui me convienne, mon grand-père est mort, je dois porter son deuil.

— Comme il vous plaira, répondit froidement madame de Brasci. Midi sonna. Allons, dit la comtesse, en prenant le bras de la tremblante Elisabeth. Elles traversèrent d'abord plusieurs pièces magnifiquement meublées. A l'extrémité était le cabinet de l'intendant. On y arrivait par une galerie ornée de tableaux. Madame de Brasci frappa un léger coup à la porte, et entra la première, Elisabeth la suivit.

M. de Basville était assis devant un grand bureau de bois de noyer. C'était un homme d'environ soixante ans. Ses traits réguliers, sombres et immobiles, peignaient parfaitement son caractère. A côté de lui, un jeune homme se tenait debout et semblait feuilleter les papiers qui couvraient le bureau. Sa ressemblance avec madame de Brasci était telle, qu'il était impossible de ne pas reconnaître son frère.

L'intendant se leva quand les dames entrèrent, et leur fit signe de s'asseoir sur des fauteuils qu'on leur avait préparés en face du bureau. Mademoiselle, dit-il, en s'adressant à Elisabeth, je vous dispense de cet appareil de justice, de ces interrogatoires que l'on fait subir à ceux qui se trouvent dans votre position. Je sais votre nom, et j'aurai peu de questions à vous faire. Sa Majesté ne veut user à votre égard que de clémence. Sa Majesté ne veut que des catholiques dans ses Etats ; vous avez embrassé le parti de ses sujets rebelles : un autre eût payé de sa vie un pareil crime ; mais pour vous, la messe effacera tout ; c'est la seule condition de votre grâce.

Elisabeth avait changé de couleur pendant ce discours ; enfin surmontant son trouble : Je ne demande point de grâce, dit-elle, car je n'ai point commis de crime ; je ne vous demande que la liberté de quitter le pays où j'ai perdu tout ce qui m'était cher. Sa Majesté ne veut que des catholiques dans ses Etats, il faut lui obéir ; et pour cela, l'exil me paraît plus honorable que l'apostasie.

Nous verrons, répondit M. de Basville, avec un sourire amer et ironique. Madame de Brasci, ajouta-t-il en se levant, c'est entre vos mains que je remets mademoiselle de Mauléon, et je la recommande à vos soins.

Elisabeth joignit ses mains et versa des larmes abondantes. J'ai une grâce à vous demander, dit-elle, on ne m'a pas fait seule prisonnière. Où est le vieux

serviteur qui m'accompagnait? Quel
sera son sort?

—Je ne sais, dit l'intendant étonné
de ces questions; un vieillard est effec-
tivement prisonnier. Son sort dépendra
de vous : Sa Majesté a à-cœur que l'exemple d'une illustre conversion soit donné;
et pour marquer sa satisfaction d'un tel
événement, elle ferait grâce à plus d'un
coupable.

Elisabeth ne répondit rien ; mais se
levant en chancelant, elle regagna son
appartement, dans une angoisse diffi-
cile à décrire. Madame de Brasci, de son
côté, rentra chez elle où son frère la
suivit.

— Eh bien, Albert, dit-elle, votre
enthousiasme n'est-il pas un peu re-
froidi? la trouvez-vous toujours aussi
belle?

— Oui, ma petite sœur, je la trouve

aussi belle, quoique la hideuse figure
de Poul ne soit plus à côté de la sienne,
comme pour faire ombre au tableau.
Le grand jour lui est aussi favorable
que la lumière des torches.

— Oui, mais il y a maintenant de
moins, le tumulte romanesque de cette
scène nocturne.

— En vérité, Louise, je n'y puis
penser sans colère. Ce misérable Poul
eut l'audace de la prendre dans ses
bras. Le traître n'osait assurer qu'elle
ne fût pas morte.

— Vous êtes jaloux d'une telle niaiserie, dit madame de Brasci, en haus-
sant les épaules.

—Une niaiserie! s'écria Albert, j'aurais donné cinquante louis à Poul pour
être à sa place.

— Vous êtes fou, mon frère, répondit madame de Brasci, asseyez-vous

là, et tâchons de parler raison. Cette petite fille a une très-grande fortune, que le vieux comte a su mettre à l'abri des confiscations. Elle n'a plus aucun parent. Dès qu'elle sera catholique, c'est une affaire faite, vous l'épouserez. Puisqu'elle est entre nos mains, il ne faut plus qu'elle en sorte. La grande difficulté est de la faire aller à la messe. Mais nous saurons l'y contraindre. Cette conversion fera beaucoup d'effet, le bruit en ira loin. Le profit sera pour vous, la gloire pour moi.

— Et vous comptez, reprit Albert en souriant, que cette œuvre méritoire effacera le souvenir de certaine peccadille...

— Chevalier, interrompit la comtesse avec colère, aujourd'hui, moins que jamais, je me trouve disposée à souffrir vos mauvaises plaisanteries.

— Allons, allons, je voulais seulement vous dire que cette conversion
vous pourra remettre en faveur auprès
de la vieille dame. Je vois que vous
mourez d'envie d'essayer encore un
peu le terrain mouvant de la cour;
mais, vous auriez besoin d'un appui,
pour vous aider à y marcher. Si le
maréchal n'était point marié, son bâton serait ce qu'il vous faudrait.

Madame de Brasci sourit dédaigneu-
sement. Croyez-vous, dit-elle, qu'un
bon tabouret sur lequel on peut s'asseoir, ne vaut pas mieux qu'un bâton sur lequel on ne fait que s'ap-
puyer.

— Vraiment! s'écria le chevalier,
vous avez de l'ambition. Ce n'est pas
d'aujourd'hui que je le sais. Le défunt
vous avait donné de bonnes leçons. Je
parie que le pauvre cher homme sera

enchanté si, de l'autre monde, il peut vous voir duchesse.

— Il ne s'agit point de ce qu'on en pensera dans l'autre monde; l'essentiel, c'est que cela arrive dans celui-ci.

— Eh bien! je vous souhaite bonne chance et à moi aussi. Maintenant il faut s'occuper un peu de mademoiselle de Mauléon. D'abord, il serait à propos de lui députer le père Gabriel. Il est patelin et adroit en diable. Vous devriez le faire appeler. Holà, Pionne, fidèle Pionne, véritable ombre de ta maîtresse, fais l'effort inoui de quitter un moment sa chambre, et cours chercher le révérend père Gabriel. En vérité, Louise, continua-t-il en regardant sortir la vieille nourrice, vous êtes singulière. Comment pouvez-vous supporter cette figure qui est sans cesse à vos côtés, la nuit et le jour?

— Un peu par affection et beaucoup par habitude. Je suis d'ailleurs si sûre de Pionne, que je dirais en sa présence un secret dont dépendrait ma vie, comme je le dirais devant le petit buste du roi qui est là sur ma cheminée.

Des pas se firent entendre dans l'antichambre, et Pionne introduisit le père Gabriel, de la compagnie de Jésus. C'était un homme d'environ trente ans, d'une taille moyenne et d'une belle figure. Ses yeux d'un bleu foncé, avaient une expression de hardiesse et de vivacité qu'il corrigeait en les tenant souvent baissés. Son teint blanc et coloré, était encore relevé par le vêtement noir de son ordre. Il s'assit respectueusement sur un pliant, devant le fauteuil de la comtesse, tandis que Pionne reprenait derrière sa maîtresse sa place accoutumée. Nous n'entrerons

pas dans les détails de ce conciliabule ,
où madame de Brasci déploya toutes
les ressources d'un caractère accoutumé
à l'intrigue, et d'une ambition que nul
obstacle ne pouvait arrêter.

CHAPITRE VII,

. . . . Tout puissant qu'est le crime,
Qui renonce à la vie est plus puissant que lui.

André Chènier.

Midi sonnait, une foule immense
remplissait les rues de Nîmes et la
place de l'intendance : muette, elle ne
proférait ni murmures , ni approba-

tions ; quelques hommes seulement, s'agitaient, et cherchaient à exciter l'indignation de la multitude.

Les brigands, les tueurs, les camisards, les voilà, criaient-ils, à la potence ! à la roue ! Un nombreux détachement du régiment du royal-comtois, conduisait les prisonniers, objets d'une si vive curiosité. Il y en avait quatre, trois d'entre eux étaient des soldats, leurs vêtemens déchirés portaient encore des marques sanglantes du combat qu'ils avaient soutenu avant de se rendre ; le quatrième portait un habit d'officier. Il jetait un regard fier sur la foule qui l'environnait, et paraissait tranquille au milieu du tumulte qu'excitait sa présence. Les soldats repoussèrent le peuple qui se pressait sur les pas des prisonniers ; et ils en-

trèrent seuls à l'hôtel de l'intendance.

Le tribunal était établi dans une
vaste salle, décorée d'une tapisserie à
fleurs-de-lis. A l'une des extrémités, sur
une estrade un peu relevée et recou-
verte d'un tapis, était placé le fauteuil
de M. de Basville; quatre conseillers
en robes rouges, siégeaient à ses côtés.
Le reste de la salle était rempli par des
militaires et des nobles.

L'officier parut le premier devant
ses juges ; les autres prisonniers de-
meurèrent assis sur un banc à côté de
la porte, et entourés d'une garde nombreuse.

— Quel est votre nom ? demanda
M. de Basville.

— On m'appelle Daniel parmi mes
frères, répondit le prisonnier d'une
voix faible et en portant ses mains en-

chaînées sur sa poitrine, où il paraissait avoir reçu une blessure.

— C'est-à-dire, que Daniel est votre nom de guerre, ce n'est pas celui-là que je vous demande. Quel est le nom de votre famille?

— J'ai résolu de le taire, dit le prisonnier en promenant ses regards sur l'assemblée, il est bien connu ici; que de fronts rougiraient en l'entendant prononcer!

A ces mots, une légère rumeur parcourut l'auditoire, les spectateurs émus, semblaient redouter d'autres interrogations.

Messieurs, dit l'intendant, le jugement aura lieu à huis clos.

En un moment, la salle fut déserte; l'escorte même s'éloigna du prisonnier, et il demeura seul en face de ses juges.

— Parlez maintenant, dit M. de

Basville , quelle est votre famille ?

— Mon père quitta ce pays quand la révocation de l'édit fut publiée ; il mourut dans l'exil. Nos frères d'Allemagne me recueillirent et m'adoptèrent. J'ai fait mes premières armes en Angleterre, et lorsque l'heure a sonné, je suis venu au secours de nos frères. Voilà tout ce que j'ai à vous dire , mon nom ne vous en apprendrait pas davantage.

— Vous allez pourtant nous le faire connaître.

— Non , je n'ajouterai pas un mot.

—Puisque vous ne voulez pas nous accorder cette légère satisfaction de bonne grâce , nous tâcherons de nous la procurer autrement , dit M. de Basville, avec un rire amer ; nous avons ici un homme merveilleux pour délier la langue aux muets; en temps et lieux, on pourra vous confier à ses soins. Monsieur, ajouta-t-il, après une petite pause, et avec cet accent bref et décisif qui lui était particulier, vos manières, votre langage, annoncent un homme digne de parcourir une autre carrière que celle que vous avez commencée; votre situation est périlleuse; mais vous pouvez en sortir, cela dépend de vous, développez le plan de la conjuration à laquelle vous participez, aidez-nous à l'étouffer, parlez, et vous verrez quel sera le prix de vos révélations : d'un côté, la vie, du service, un grade dans les armées de sa majesté; de l'autre côté la mort, une mort prompte et terrible; il serait absurde de balancer.

Pendant ce discours, le prisonnier avait penché la tête sur sa poitrine;

ses sourcils froncés exprimaient le dé-
dain et l'impatience. Oui, reprit-il,
d'une voix lente, mais forte; d'un côté
l'infamie attachée au nom de traître et
d'apostat, le remords d'avoir trahi une
cause sacrée, le regret d'avoir sacrifié
une éternité bienheureuse au désir de
passer quelques jours de plus sur la
terre; de l'autre côté, la mort! Le choix
n'est pas douteux.

— Misérable fanatique, murmura
M. de Basville.

— Messieurs, interrompit le prisonnier en relevant la tête, abrégez ce
supplice, jugez-moi d'après ce que je
vous ai dit, car je suis décidé à ne pas
ajouter un mot.

Alors croisant ses bras, il reprit son
attitude immobile.

— Messieurs, dit l'intendant en se
tournant vers les juges, je crois qu'il

est inutile que nous interrogions les trois coquins qui sont là; ils ont été pris les armes à la main et après une vigoureuse résistance. Bassard a pris la peine d'aller les voir hier, il n'a pu en tirer un mot; c'est du vrai gibier de potence, nous pouvons les expédier sans craindre de faire une méprise.

Les juges se levèrent et s'approchèrent de M. de Basville; quelques mots furent échangés. Au bout de dix minutes, l'intendant se rassit, agita sa sonnette et dicta le jugement à un secrétaire placé derrière lui. Pendant ce temps, la foule se précipita dans la salle et emmena les trois autres prisonniers.

Le secrétaire, faisant fonction d'huissier, commanda le silence. Alors l'intendant prit le papier et lut la sentence. Elle condamnait à mort, sans les désigner nominativement, les quatre prisonniers faits aux environs de Saint-Martin, et appartenant à une bande de camisards. Les trois soldats firent retentir la salle d'imprécations en entendant cet arrêt; le jeune officier demeura calme, un peu de pâleur parut seulement sur son front.

— J'étais prêt, dit-il, en élevant ses yeux vers le ciel, allons! Et il suivit ses gardes.

❀;❀❀;❀

CHAPITRE VIII.

———————

La hache intolérante est inactive encore ;
Mais bientôt, au lever d'une sanglante aurore,
Paris contemplera , d'épouvante glacé,
L'autel expiatoire à la Grève dressé.
L'envoyé de Montrouge a commandé la fête.

BARTHÉLEMY et MÉRY.

Il était minuit moins un quart. M. de Basville quitta la plume, et rassemblant à la hâte les papiers épars sur son bureau : Le père Gabriel est-il là ?

dit-il, en élevant la voix. Le père Gabriel parut à la porte du cabinet.

— Allons, dit l'intendant, en prenant dans les tiroirs de son bureau une petite clef; et il descendit suivi du jésuite dans une des salles basses de l'hôtel. Il ouvrit une porte qui donnait sur un escalier étroit et très-rude.

— Descendez avec précaution, mon père, dit M. de Basville, en lui remettant sa bougie; ensuite il referma la porte. Après avoir descendu environ vingt-cinq marches, ils parcoururent un passage souterrain qui les conduisit devant une seconde porte, bien plus forte que la première et garnie de plaques de fer. L'intendant frappa un léger coup. La porte s'ouvrit à l'instant, et ils entrèrent dans une chambre sombre et voûtée. Une lanterne accrochée au mur jetait une faible lumière.

—Monseigneur, dit un gros homme qui tenait d'une main un trousseau de clefs, et de l'autre un bonnet crasseux que le respect l'avait forcé d'ôter de dessus ses cheveux gras, Monseigneur, où dois-je vous conduire?

— Au cachot des condamnés, dit l'intendant; où sont Robert et le beau François?

— Ils attendent dans la grand-salle les ordres de Monseigneur.

— C'est bien; qu'ils viennent avec nous. Dans quel cachot sont les condamnés?

— Il nous faudra descendre encore un peu, dit le geolier en prenant la lanterne, je les ai mis au frais dans la joliette.

Une grille de fer gardait l'entrée d'un escalier en spirale, qui semblait descendre dans un puits. Au bout était un petit repos ; ensuite on descendait encore trois ou quatre marches, et une seconde porte fermait l'entrée du cachot.

— Ecoutez, dit le geolier en s'arrêtant au moment d'ouvrir.

Un murmure sourd passait à travers la porte ; puis une seule voix se fit entendre, et prononça distinctement ces paroles tirées du psaume XCIII : le Seigneur est le Dieu des vengeurs, et ses vengeances sont indépendantes et souveraines. Levez-vous, Dieu qui jugez la terre ; rendez aux superbes ce qu'ils ont mérité.

Jusques à quand, Seigneur, les pécheurs se glorifieront-ils ! jusques à quand parleront-ils si haut le langage de l'iniquité? reprirent en chœur les autres voix.

— Ouvrez, s'écria M. de Basville, je vais faire cesser ces criailleries. Le geolier entra le premier, et élevant sa lanterne, il éclaira l'affreux cachot. Les quatre prisonniers avaient les fers aux pieds et aux mains; ils étaient assis sur de grosses pierres adhérentes au mur. L'intendant jeta les yeux autour de lui pour reconnaître la victime qu'il venait chercher.

— Qu'on fasse marcher le frère Daniel, dit-il.

Le geolier ouvrit un cadenas qui retenait la chaîne du prisonnier, à un gros anneau scellé dans le mur. Le malheureux jeune homme se leva péniblement.

— Marchez, dit le geolier en le poussant vers la porte; mais le défaut de nourriture avait anéanti ses forces; il s'évanouit.

—Monseigneur, dit le geolier, si c'est

8

à la salle que vous allez le conduire, il vous restera entre les mains pour peu que vous le tracassiez.

— Qu'on le porte en haut, dit l'intendant, et qu'on lui donne du vin. Quand je paye la nourriture des prisonniers, ce n'est pas pour qu'on les envoie déjà morts de faim à la potence.

— Monseigneur, répondit le geolier, c'est par vos ordres que j'avais supprimé la dernière ration ; plus ils ont de forces, plus ils sont obstinés à parler. Moïse Daire chanta les psaumes sur la roue pendant deux heures. Il chanterait peut-être encore si Guillaume ne lui eût coupé le sifflet.

— Il suffit, dit M. de Basville ; à l'avenir demi-ration.

On porta le frère Daniel dans la salle où était entré M. de Basville avant de descendre aux cachots ; il reprit ses sens

au bout de quelques momens , et jetant
un coup-d'œil autour de lui, il parut
étonné de se trouver en pareille compagnie ; puis, baissant la tête sur sa poitrine, il demeura immobile. L'intendant fit signe à sa suite de s'éloigner, et
il demeura seul avec le père Gabriel ,
en face du prisonnier.

—Monsieur, dit-il, dans votre situation on peut faire beaucoup de réflexions en peu de temps , et il ne serait
pas étonnant que depuis ce matin vos
résolutions eussent varié ; vous pouvez
revenir sur vos pas , il en est temps encore ; vous touchez à l'échafaud , mais
vous n'y êtes pas monté ; profitez des
momens qui vous restent ; vous devez
vous souvenir de mes promesses ; le jugement prononcé contre vous n'en empêchera pas l'effet. Un mot peut vous

soustraire à la mort ; je viens voir si vous voudrez le dire.

—Ma bouche, dit le prisonnier, ne s'ouvrira que pour prononcer ma dernière prière ; ne me demandez rien ; je ne suis plus de ce monde.

— Mon frère, dit le père Gabriel, votre carrière commence à peine, elle pourrait être heureuse et brillante ; et c'est votre propre obstination qui va la finir d'une manière si fatale. Votre attachement à la cause de quelques misérables, vous entraîne à votre perte ; ouvrez les yeux ; ne rejetez pas la voie de salut qui vous reste ; par pitié pour vous-même, abjurez, la vie vous est rendue. Le prisonnier demeura muet et immobile.

—Robert, dit l'intendant en se tournant vers sa suite, êtes-vous prêt ?

Les deux bourreaux s'avancèrent, les manches retroussées, un mouchoir serré autour de leur tête, et prêts à accomplir leur affreux ministère; l'un d'eux ouvrit la porte d'un second appartement, où l'on pouvait distinguer des ceps et d'autres instrumens de torture.

—Monseigneur, dit le geolier en s'approchant de M. de Basville, sa blessure n'est pas fermée; si vous lui faites serrer seulement le bout du doigt ce sera un de moins pour demain.

— Coquin, répondit l'intendant, dit plutôt que ce serait trop de besogne pour toi, s'il y restait, et que tu aimes mieux t'aller coucher.

Cependant en voyant la pâleur et la faiblesse du prisonnier, il tourna brusquement le dos.

— Allons, dit-il au père Gabriel. Il fit un mouvement pour sortir, puis il ajouta : Maître Robert, ce sera pour demain midi. Trois potences et un bûcher ; je désignerai les places.

— Le lendemain à midi, madame de Brasci était assise dans son appartement ; Pionne, debout derrière elle, arrangeait les boucles de ses beaux cheveux blonds ; Élisabeth, appuyée sur la cheminée, semblait absorbée par de tristes réflexions : ses yeux étaient fixés sur un grand portrait du roi, dont la physionomie sévère et fière semblait la menacer.

— Quel tumulte ! dit madame de Brasci en s'avançant vers la fenêtre, malgré Pionne qui voulait achever d'arranger sa coiffure.

Élisabeth, par un mouvement machinal, la suivit sur le balcon. D'abord elle ne distingua rien parmi la foule, puis elle vit des soldats, et enfin les prisonniers. Alors elle comprit la vérité.

— O ciel ! ô mon dieu ! dit-elle en

jetant un cri perçant, c'est Sauvalet, il va mourir... et elle tomba sur ses genoux.

Sauvalet leva les yeux, une rougeur fugitive couvrit son front. Adieu, dit-il, mon épreuve va finir, la tienne commence; puisses-tu la soutenir dignement. Adieu, Élisabeth!

Le peuple s'émut en entendant ces paroles; un murmure d'horreur et de pitié s'éleva; mais, étouffé par la crainte, il fut bientôt suivi d'un morne silence.

Le funèbre cortége avançait lentement; lorsqu'il fut arrivé au lieu du supplice, le père Gabriel et un religieux dominicain s'approchèrent de Sauvalet.

—Un mot, un seul mot, dit le père Gabriel, renoncez à l'hérésie et nous vous arrachons au bûcher; écoutez-

Dieu qui vous parle par ma voix. Sa grâce vous appelle, elle donne la vie.

— Éloignez-vous, esprits tentateurs, s'écria Sauvalet en secouant sa chaîne, éloignez-vous !

— Malheureux hérétique; abjurez, le roi vous accorde le pardon et la vie.

— Éloigne-toi, satan, ma mort glorieuse vaut mieux que la vie déshonorée que tu m'offres.

Alors le jésuite et le dominicain s'éloignèrent, et Sauvalet fut lié au fatal poteau. Les flammes s'élevèrent et l'entourèrent ; mais par intervalle, on l'entendit s'écrier : Jusqu'à quand, Seigneur, souffriras-tu le triomphe de l'impie ?... jusqu'à quand permettras-tu qu'il répande le sang innocent ?... Ce sang crie vengeance devant toi !... réveille ton ancienne jalousie et rappelle tes compassions !

CHAPITRE IX.

Pour l'innocence même il faut demander grâce,
Sa défense a besoin d'une touchante voix,
Et ses pleurs bien souvent sont plus forts que ses droits.

MARMONTEL.

MADAME de Brasci, aidée de Pionne et de ses femmes, releva Elisabeth qui était demeurée à genoux sur le balcon, pâle comme la mort, et muette de saisissement. On la mit dans un fauteuil; alors, elle cacha sa tête dans ses deux mains; et un torrent de larmes vint soulager sa douleur.

— Il faut la laisser pleurer, dit madame de Brasci en s'avançant vers sa table de toilette, j'ai été une étourdie de lui laisser voir cela. Allons, Pionne, le vent a dérangé toutes mes boucles, recommence ta besogne. Donne-moi le troisième volume de Cyrus.

On frappa un léger coup à la porte.

— Entrez, Albert, cria madame de Brasci, je suis d'humeur de vous recevoir ce matin.

Elisabeth pleurait en silence, le visage caché dans son mouchoir. Le chevalier tourna ses regards vers sa sœur, comme pour lui demander ce que cela signifiait.

— Ce n'est rien, dit la comtesse, ces malheureux ont passé sous mes fenêtres, elle les a reconnus et a jeté les hauts cris; mais cela se passera. Au fait, on sait bien qu'il faut que justice se fasse.

— Comment, s'écria le chevalier, vous n'avez pas cherché à lui dérober ce spectacle.

— Elle m'a suivie sur le balcon sans que j'y aie pris garde.

— C'est une négligence impardonnable.

— Tout comme il vous plaira. Mais je n'aime pas qu'on vienne chez moi pour me faire des remontrances. Faites-moi le plaisir de sortir.

— Oh! ma belle petite sœur, ne soyez donc pas si méchante. Je ne vous dirai plus rien, ne me chassez pas.

— Mon dieu, dit madame de Brasci en se levant, il est deux heures. Le maréchal doit être déjà arrivé. Chevalier, donnez-moi la main. Mademoiselle, voulez-vous venir ?

Elisabeth essuya ses pleurs. Madame, dit-elle, si vous le permettiez, je me retirerais dans ma chambre. J'ai le cœur trop brisé pour avoir envie de dîner.

— Cela ne vous empêchera pas de paraître à table. Monsieur de Basville a annoncé ce matin qu'il désirait votre présence pour aujourd'hui.

— Allons, dit Elisabeth en faisant un effort sur elle-même. Et elle suivit madame de Brasci.

La comtesse s'assit au haut bout de la table. A sa droite, se plaça le maréchal de Montrevel, commandant général du Languedoc. C'était un homme d'environ cinquante ans ; il joignait à toute la politesse d'un courtisan, un caractère violent et sanguinaire. Ses inférieurs le craignaient et le haïssaient ; tandis qu'il passait parmi ses égaux pour un homme aimable et facile.

Elisabeth, triste et silencieuse, avait à sa droite le chevalier, et à sa gauche le père Gabriel.

On était à table depuis une demi-heure, lorsque le secrétaire particulier de M. de Basville lui fit demander la permission de lui parler à l'instant.

— Entrez, Bossard, dit l'intendant en reculant sa chaise pour mieux l'écouter.

Le secrétaire se pencha et lui dit quelques mots à l'oreille.

— Allez dire cela à monsieur le

maréchal, interrompit l'intendant en se levant.

Le maréchal quitta la table dès les premiers mots qui lui furent adressés.

— M. de Moutarnaud, dit-il à un jeune officier, prenez cinquante de vos dragons. Il s'agit d'une assemblée qui vient de se former ici, presque sous nos yeux. Ils sont une centaine enfermés dans le moulin de Mercier. Il faut que pas un n'en sorte. Allez, je vous suis. Madame, ajouta-t-il en se tournant vers la comtesse, c'est un grand malheur d'être obligé de quitter brusquement si bonne compagnie; les intérêts de Sa Majesté peuvent seuls me décider à ce sacrifice.

Alors, saluant gracieusement les dames, il sortit suivi de ses officiers et de M. de Basville.

—Mesdames, dit la comtesse en se

tournant vers sa compagnie, la curiosité chasse l'appétit. Si vous le voulez,
nous monterons sur la terrasse; et de là
nous pourrons voir ce qui va se passer.
Toutes les dames se hâtèrent de se rendre à cette invitation. Elisabeth, plongée dans une muette consternation, demeura seule dans la salle à manger.

—Mon Dieu ! s'écria-t-elle avec fer-
veur, et en élevant ses mains vers le
ciel, mon Dieu ! épargnez le sang qui
va couler.

Puis entendant le roulement des
tambours et les cris des soldats, elle
cacha sa tête dans son mouchoir et se
boucha les oreilles, pour se dérober
autant que possible au spectacle qui se
préparait.

De la terrasse, où étaient montées madame de Brasci et sa société, on découvrait entièrement la belle plaine au

milieu de laquelle est située la ville de Nîmes. Le temps était doux et serein. Les fleurs blanches des amandiers se mêlaient à la pâle verdure des oliviers, et leurs parfums se répandaient au loin. Cette scène calme et riante fut bientôt animée par une scène d'un autre genre.

Une compagnie de dragons, le sabre nu sur l'épaule, sortit par la porte des carmes; le maréchal de Montrevel venait ensuite, entouré de plusieurs officiers. Cette troupe se dirigea vers une habitation assez vaste située sur les bords de la Gau. En un instant la maison fut cernée; on n'en voyait point l'entrée, du lieu où était madame de Brasci; et pendant quelque temps on ne distingua rien que les dragons immobiles à leur poste. Bientôt un tourbillon d'épaisse fumée s'éleva dans les airs. Un cri s'échappa de toutes les bouches.

L'incendie, favorisé par le vent, faisait des progrès rapides : les flammes paraissaient par intervalle du côté de la façade principale. Enfin une partie des toits s'écroula.

— O ciel ! s'écria une des dames, on a ouvert la fenêtre qui donne de ce côté. Une femme est debout sur le bord, elle hésite si elle sautera. Mon Dieu ! c'est la seule voie du salut.... La voilà ; elle est tombée ; elle est morte !... Non, non, elle se relève ; un homme la soutient, il va la sauver....

—Oui, oui, elle est sauvée, s'écrièrent toutes les bouches.

—Mais le maréchal vient de ce côté. O ciel ! il l'a vue ; il la pousse vers la maison. Les dragons la poursuivent, ils vont la tuer. Ah ! les bourreaux , je ne veux plus les voir....

—Ah ! s'écria une autre dame , ce spectacle est affreux ; on les brûle, il me semble entendre leurs cris. Quittons, quittons cette place....

Une secrète horreur s'était emparée de celles qui avaient assisté à cette scène terrible. En vain madame de Brasci chercha à ramener la gaîté ; tous les fronts étaient tristes et soucieux.

Bientôt on entendit un grand tumulte sur l'escalier ; et le maréchal, encore en bottes et en éperons , entra suivi de ses officiers.

Madame, dit-il en s'inclinant devant la comtesse , je ne me souviens pas précisément où en était resté le dîner. Tout ce que je sais, c'est que nous n'avions pas pris le café. Voulez-vous nous le faire servir ?

Monsieur le maréchal, dit madame de Brasci, nous avons assisté à votre expédition. Ces dames ont pâli, elles ne peuvent voir répandre le sang.

—Il n'en a pas beaucoup coulé. Les rats étaient dans la souricière; il fallait qu'ils n'en sortissent plus; n'importe le moyen. Lorsque nous sommes arrivés, ils se doutaient de quelque chose; leurs hurlemens avaient cessé. J'ai fait enfoncer la porte et placer des sentinelles. Ils étaient environ cent. Le prédicant parlait toujours. J'ai entendu qu'il leur disait : Courage , mes frères , le temps est court.... L'éternité..... Dieu appelle ses élus; et autres choses semblables. Il eût été trop long d'expédier toute cette canaille à coups de sabre; je l'ai fait enfumer comme un renard.

—Pas un n'a échappé ?

—Pas un seul. Mes dragons étaient

en faction aux portes; et leurs sabres ont
fait connaissance avec ceux de ces misérables qui craignaient la brûlure.

—Mais, avec du courage, on sort par
la fenêtre aussi bien que par la porte;
et cette femme...

— Elle n'a pas échappé non plus, dit
vivement le maréchal; peu s'en est fallu
pourtant. Un traître de domestique,
un coquin d'Auvergnat, qui était depuis
trois mois à mon service, l'avait prise
sous sa protection. A l'heure qu'il est, on
lui apprend ce que c'est que la discipline.

— Comment, s'écria une dame, il
serait puni pour avoir cédé à un mouvement de pitié?

— La discipline l'exige, Madame, et
ce sera la première et la dernière puni-
tion de ce genre qu'il recevra.

— Vous serez plus indulgent à l'avenir, M. le maréchal.

— Oh! il n'en aura que faire.

— Comment ? — C'est à la potence qu'on donne ces leçons là, le peuple en profite, et non ceux qui les reçoivent.

Elisabeth, assise dans un coin du salon, avait entendu cette conversation; tremblante, pâle de douleur et d'émotion, elle se leva et s'avança au milieu du cercle.

— Mesdames, dit-elle, la pitié vous parle en faveur d'un malheureux. Peut-être en est-il temps encore; demandez sa grâce, M. le maréchal ne la refusera pas à vos prières. Grâce! grâce! je ne me relèverai pas sans l'avoir obtenue.

Et elle se jeta aux pieds du maréchal qui, étonné de cette action, s'empressa de la relever.

— Grâce! grâce! cria-t-on de toute part.

— Mesdames, dit le maréchal, le roi

n'a pas ici de bien fidèles sujettes. Grâce pour un rebelle!...

— Il ne l'est pas, il est catholique, c'est la seule compassion... Grâce ! grâce!...

— Je ne sais s'il en est temps encore; donnez-moi une plume, du papier...

Le maréchal écrivit une ligne. Puis au moment de signer, il s'arrêta.

— M. le maréchal, dit Elisabeth en joignant les mains...

— Allons , dit-il en signant rapidement, et comme s'il eût craint de s'en repentir, portez-lui sa grâce; mais il faut qu'à l'instant il quitte Nîmes; s'il y couche cette nuit, demain matin je le fais pendre.

* * *

CHAPITRE X.

> . . . . , . . dites-moi vos malheurs,
> Ne craignez rien ; versez dans mon âme attendrie
> Tous les chagrins amers dont votre âme est flétrie.
>
> *Marie-Joseph* Chéxier.

QUE le temps est beau ! dit madame de Brasci en faisant ouvrir les fenêtres de son appartement ; quel dommage d'être obligé d'aller s'enfermer dans une église pour entendre chanter les lamentations du prophète Jérémie; je suis sourde d'avance de tout ce tapage. Allons, Pionne, ma robe noire. N'oublie pas de faire mettre ma Semaine Sainte dans ma voiture; et mon carreau noir, je veux mon carreau noir à franges. Où est ma coiffe de points de Bruxelles? ce sera ce qu'il faut pour aujourd'hui. Donne-moi mes gants, mon mouchoir. Ma voiture est-elle prête? Mademoiselle, ajouta-t-elle en s'approchant d'Élisabeth qui lisait dans son cabinet, je pars seule, puisque toutes mes instances ont été inutiles.

Madame, dit Elisabeth, il m'en coûte de vous désobliger; mais c'est impossible, réellement impossible.

— Le caprice passera, reprit légèrement madame de Brasci, ce sera pour une autre fois, et saluant Elisabeth, elle quitta l'appartement. Le chevalier était dans l'antichambre, il offrit sa main à sa sœur et tous deux montèrent en voiture pour aller entendre les ténèbres à la cathédrale.

Elisabeth se trouva soulagée en les voyant partir, et elle descendit dans le vaste jardin de l'hôtel pour jouir de la beauté du temps et d'un moment de solitude.

On était au commencement du printemps, une verdure naissante se montrait partout : des arbres couverts de fleurs, les narcisses et les violettes qui bordaient les allées répandaient les plus suaves parfums. L'air était chaud et humide, Elisabeth se sentit ranimée par cette douce influence ; son âme, que tant de scènes cruelles avaient bouleversée, reprit un peu de tranquillité. Elle alla s'asseoir au milieu d'un petit massif de cyprès et de lilas qui étaient au fond du jardin, et s'abandonna à une profonde rêverie. Le passé, l'avenir se présentaient à son imagination ; le passé surtout revint avec toutes ses douleurs ; le souvenir de sa famille, le sentiment de son isolement lui arrachèrent des larmes amères.

— Mon Dieu ! s'écria-t-elle avec un mouvement de désespoir, pourquoi ne suis-je pas morte avec eux !!...

Un léger bruit la fit tressaillir, et levant la tête, elle vit avec surprise un inconnu debout à quelques pas d'elle.

Son âge paraissait d'environ trente ans. Ses vêtemens annonçaient un haut rang ; il portait, selon la mode du temps, de longs cheveux qui retom-

baient en boucles sur ses épaules. Un
air de bonté et de compassion embel-
lissait encore ses traits nobles et réguliers.

— Qui êtes-vous? madame, dit-il en
s'approchant d'Elisabeth, qui se leva
sans répondre; votre douleur extrême,
reprit-il avec douceur, l'intérêt qu'elle
m'inspire peuvent servir d'excuse à ma
demande.

— Je suis bien malheureuse! dit Elisabeth encouragée par ce ton de bien-
veillance et de bonté, je suis bien malheureuse! je n'ai plus ni famille ni
amis...

— Vous êtes la petite-fille du comte
Hugues de Mauléon, s'écria l'inconnu
en la regardant avec attention, hélas!
que peut-on faire pour vous!

— Ah! je ne demande rien, rien
que la liberté de quitter cette terre

couverte de sang ; mais on me retient prisonnière, on veut même me faire quitter la religion où je suis née et pour laquelle j'ai vu périr mon grand-père et un frère.

— Votre position est délicate, mademoiselle, dit l'étranger, on n'en veut pas à votre vie, mais on veut que vous donniez un exemple éclatant ; et vous êtes entre les mains de gens qui n'épargneront pas les persécutions pour parvenir à leur but ; qui ne se lasseront jamais de le poursuivre.

— Oui, reprit Elisabeth en élevant vers le ciel des yeux remplis d'une confiance religieuse, je suis entre les mains des hommes ; mais une main plus puissante peut m'attirer à elle. J'échapperai ainsi aux malheurs qui me menacent ; j'irai rejoindre ceux que j'ai perdus. Cette destinée, ajouta-t-elle en reportant ses yeux sur l'étranger, cette destinée n'est-elle pas plus douce que de passer une vie parmi ceux qui ont fait périr tout ce qui m'était cher ?

Ah! dit l'étranger vivement ému, que vous me faites haïr les funestes effets du fanatisme et des préjugés! si jeune et si malheureuse! que ne puis-je vous protéger et vous servir!...

Une petite porte qui était au bout du jardin s'ouvrit brusquement, et madame de Brasci parut, suivie du père Gabriel et d'un laquais qui portait ses Heures; elle fit un léger cri en apercevant l'étranger.

—Quoi, vous ici, monsieur le duc! dit-elle.

—Oui, madame, répondit-il en s'inclinant, je viens vous demander l'hospitalité pour vingt-quatre heures, avant de continuer ma route vers la Gascogne.

— Mon père sera surpris et flatté de votre visite.

— Je ne l'ai point encore vu; il est monté à cheval avec le maréchal; on m'a dit que vous étiez à ténèbres, et j'ai pris le parti de venir vous attendre dans le jardin.

Madame de Brasci jeta un coup-d'œil sur Elisabeth, qui était demeurée un peu en arrière.

— Mon père, dit-elle en se tournant vers le jésuite, dites, je vous prie, à mademoiselle de Mauléon qu'elle se rende au salon; on va bientôt se mettre à table.

Alors, offrant sa main au duc, elle monta avec lui dans son appartement.

— Pionne, s'écria-t-elle en s'asseyant, viens m'ôter mes coiffes; Pionne obéit, et une forêt de cheveux blonds retomba sur les épaules de la belle comtesse; elle secoua la tête comme pour les arranger.

— Monsieur le duc, dit-elle, votre visite m'est d'autant plus agréable, que nous sommes ici d'une tristesse affreuse; le pays est désolé par les rebelles; la fermeté et la prudence de mon père suffisent à peine pour les contenir. La cour ne se fait pas une idée de notre véritable situation; ses ordres sont sévères, et il n'est pas toujours possible de les faire exécuter.

La physionomie du duc s'était rembrunie pendant ce discours.

Madame, dit-il, dans le pays d'où je viens on n'ose avoir une opinion que d'après la volonté du maître. Le peuple des courtisans l'approuve d'une voix unanime; mais au fond on ne peut s'empêcher de penser que le clergé s'est trop mêlé de tout ceci. La persécution a poussé ces malheureux à bout. La révocation de l'édit de Nantes fut une mesure impolitique; déjà l'on en ressent les funestes effets; la faire exécuter dans toute sa rigueur, c'est s'attirer les malheurs dont vous vous plaignez.

—Duc, dit madame de Brasci, parlez-vous ainsi à la cour?

— Je me tais.

— C'est très-sage; faites-en autant ici; les esprits sont très-exaltés. Mon père veut poursuivre l'entreprise qu'il a commencée; d'ailleurs les ordres qu'il reçoit chaque jour de la cour l'y obligent; le maréchal fait la guerre aux Camisards, c'est son métier; on lui tue beaucoup de braves gens : aussi est-il sans pitié pour les rebelles qui tombent entre ses mains.

—Puisse une sage tolérance ramener la paix dans ce malheureux pays!

— Monsieur le duc, dit madame de Brasci, en changeant tout-à-coup de conversation, j'espère que vous êtes notre hôte pour plus de vingt-quatre heures ; le pays n'est pas sûr ; à peine si nous sommes tranquilles dans les villes ; mon père ne vous laissera pas partir.

— J'arrive à peine, répondit le duc, il serait trop pénible de songer déjà au départ ; en attendant, permettez que je vous quitte pour me mettre en état de paraître à table.

———

NOTE.

(A.) Amis, Camisards... *Page* 7.

On ne sait pas précisément à quelle époque de l'insurrection des Cévennes on commença à donner aux révoltés ce nom de *Camisards*. Cavalier dit dans ses Mémoires qu'on ne les appela ainsi qu'après son expédition de Ganges. (4 mars 1703.) Cependant l'auteur de l'histoire des troubles des Cévennes dit qu'il a trouvé ce nom dans un journal manuscrit fait sur les lieux dès le mois de décembre 1702, et dans les feuilles publiques dès le 6 janvier suivant. On a longuement dissèrté sur l'origine de ce nom. Un savant de Montpellier prétend qu'il ne fut donné aux mécontens que vers le milieu de la guerre, quand les Cadets-de-la-Croix se mirent à piller, jusqu'à la chemise, ami et ennemi, ce qui leur fit donner le nom de *Camisards blancs*, par opposition aux mécontens, qu'on appela *Cami-*

tom. 1.

sards noirs. Quelques-uns ont prétendu , et c'est l'opinion de Cavalier, qu'on appela les mécontens de ce nom parce qu'ils changeaient leurs chemises sales contre des blanches, lorsqu'ils en trouvaient dans les lieux où ils entraient. C'est ce qui arriva à Ganges ; et Cavalier rapporte qu'un des habitans s'avisa de mêler dans les diverses épithètes dont on chargeait les gens de sa troupe, celle de *camisards*, comme pour dire voleurs de chemises, chemise s'exprimant par le mot de *camise*, dans la langue du pays. D'autres ont pensé que ce nom leur avait été donné parce qu'ils se tenaient sur les grands chemins , ou sur les *camis* , dans le patois languedocien.

Mais l'opinion la plus commune est que *camisard* vient de *camisade*, terme qui désigne une attaque de nuit faite par surprise. En effet, dans le commencement de la guerre, les expéditions des mécontens furent presque toutes nocturnes. Quelle que soit l'origine de ce nom, il est certain qu'on s'en servit ordinairement pour désigner les mécontens vers la fin de 1702 , ou dès les premiers jours de 1703.

www.ingramcontent.com/pod-product-compliance
Lightning Source LLC
Chambersburg PA
CBHW070748270326
41927CB00010B/2099